바로잡기
우리말 101가지

바로잡기 우리말 10가지

1판 1쇄 인쇄 ‖ 2009년 09월 10일
1판 1쇄 발행 ‖ 2009년 09월 20일

지은이 ‖ 나 채 운
기 획 ‖ 한글학회
삽화그림 ‖ 김 석 준
펴낸곳 ‖ 도서출판 경진문화
펴낸이 ‖ 양 정 섭

등 록 ‖ 제25100-1999-30호(구 제10-1854호)
주 소 ‖ 서울특별시 강동구 길동 349-6 정일빌딩 401호
전 화 ‖ 02-488-3280
팩 스 ‖ 02-488-3281
이메일 ‖ wekorea@korea.com

ⓒ 나채운, 2009

값 12,000원

ISBN 978-89-5996-058-3 03710

※이 책은 본사와 저자의 허락 없이는 내용의 일부 또는 전체를 무단 복제, 복사, 전제할 수 없습니다.
※잘못된 책은 바꾸어 드립니다.

바로잡기 우리말 10가지

나채운 지음

경진

책을 내면서

언어가 우리의 일상생활에 미치는 영향이 크다는 점에 대해서는 새삼스레 말할 필요가 없다. 그럼에도 불구하고 대다수의 사람은 자신이 잘못된 말을 쓰면서도 그 사실조차 알지 못 하는 경우가 많거니와, 만일 그러한 일이 모든 사람을 대상으로 하는 언론매체에까지 행해진다면 그 미치는 영향은 더욱 클 것이다. 이러한 언어의 오용은 그 사실을 아는 사람이 있다면 그것을 시정하도록 깨우쳐야 하는데, 그런 사람들까지도 그 사실을 그대로 방치해 둔다면 오랜 시일이 지난 다음에는 시정하기가 더욱 어려운 단계에까지 이르게 될 것이다.

필자는 신학(성서학)을 전공한 사람이면서, 그러한 언어에 관심을 가지는 한 사람일 뿐, 언어학이나 국어학을 전적으로 전공한 사람은 아니고, 대학원에서 국어학을 부전공으로 공부한 사람일 뿐이다. 그러나 지금 우리 국민들의 절대다수가, 그것도 아주 중요한 말을 잘못 쓰는 것들을 보고 답답한 마음에서 그 잘못을 바로잡고자 이 글을 쓰는 것이다. 국어학을 전공한 저명한 국어학자도 많고, 영어학을 전공한 교수도 많지만, 아직도 본서에서 다룬 내용으로 책을 낸 것이 없기에, 부전공자인 필자가 이러한 글을 쓰는 것이다.

사실은 지난 2002년 6월 월드컵 경기가 우리나라에서 열리기 전에, 전국적으로 도로 표지판에 영어가 잘못 쓰인 것을 보고 한국을 방문하는 외국인들에게 우리의 무식을 보이지 않게 해야겠다는 생각을 하게 되었다. 그래서 그러한 것을 시정하도록 당국에 알리고 건설부장관에게까지 권고의 글을 보낸 바 있었으나, 그 일부가 수용되었을 뿐, 그 후 7년이 지난 지금까지도 거의 시정되지 않고 있다. 그뿐 아니라 일상용어 중에는 점점 더 심각한 오용의 사례가 늘어감을 보고 지금 이 글을 쓰는 것이다. 필자는 이 글을 써서 몇 일간신문에 게재를 부탁하였으나 언론기관에서도 무관심하여(역시 그러한 오류를 범하면서) 몇 개 주간지에 공개하다가 이번에 책으로 출판을 하게 된 것이다.

이제 아래에 요즘 우리 사회에서 거의 모든 사람이 잘못 쓰고 있는 중요한 말들을 들어 그 잘못 된 점을 해설하거니와, 이 책자를 통해서 많은 사람들이 우리말 바로 쓰기 운동에 동참해 주신다면 필자의 기쁨은 더할 나위가 없겠다.

2009년 8월 심곡마을에서
나채운 사룀

이 책의 출간을 기리면서

　평소에 우리는 일제가 만들어 썼고 동시에 가르쳤던 말들을 아무 비판도 없이 그대로 받아 지금껏 써 오고 있다. 뿐만 아니라, 우리말도 바르지 않게 쓰는 일이 너무 많다.
　이런 현실을 보고만 있을 수 없어, 오랜 세월 동안 우리 말글을 갈고 닦는 데 몸 바쳐 온 나채운 박사님이 평소에 바로 잡아야 하겠다고 생각했던 말들을 모아 이번에 한 권의 책으로 엮어 내게 되었다.

　말은 그 민족의 정신을 좌우하는 큰 힘을 가지고 있다. 말을 잘못 쓰면 그 민족의 정신은 잘못된 방향으로 나아가게 되고, 자연히 그 민족의 문화는 저급한 방향으로 흘러가게 된다. 문화민족이 되기 위해서는 평소 바르고 아름다운 말을 써야 함은 물론이다.

　그런 뜻에서 이번에 나채운 박사님이 지어 펴낸 이 책은 민족의 앞날을 위해서도 꼭 필요한 참고서라고 할 수 있다. 우리 국민 한 사람, 한 사람이 정독하여 올바른 말글살이를 위한 길잡이로 삼을 만하다.
　이 책의 뜻과 내용을 잘 살려서, 우리나라의 문화가 발전할 수 있도록 좋은 우리말을 많이 만들어 써 주길 바란다.

  동시에, 저속한 말과 바르지 못한 말은 하루 빨리 씻어 버려야 할 것이다.

2009. 7. 20.

김승곤(한글학회 회장)

일러두기

1. 이 책에서 다룬 어휘들은 우리의 일상용어 중에서 극히 중요하면서도 널리 잘못 이해되고 있는 것들을 택하여 바로잡고 해설한 것들이다. 우선 101개 항목을 다루어보았다. 항목을 101로 한정한 것은 앞으로도 필요하고 가능하면 계속해서 내겠다는 필자의 의지를 나타낸 것이다. 숫자 중 영(0)은 마침을 뜻하고, 일(1)은 시작을 뜻하기 때문이다.

2. 수록된 어휘는 다음과 같이 크게 9개 항목으로 분류되어 있다.
    1) 일본의 자기정당화에 동조하는 말 4 (1~4)
    2) 의미상 틀린 말이나 합당하지 않은 말 18 (5~22)
    3) 의미상의 혼용과 오용의 일반용어 24 (23~46)
    4) 특별히 주의를 요하는 어려운 낱말 11 (47~57)
    5) 문법적으로 틀리기 쉬운 띄어쓰기와 읽기 11 (58~68)
    6) 역사에 따라 생멸하는 우리말 3 (69~71)
    7) 지성인의 바른 말 탐구 18 (72~89)
    8) 교양인이 쓸 수 없는 저속한 말 3 (90~92)
    9) 영어에 관련된 우리말의 문제 9 (93~101)

3. 전체의 항목 수는 101갈래로 분류했으나, 그 가운데의 어떤 항목에는 두 가지 이상의 어휘를 다루고 있어 전체 내용으로 보면 200여 개의 단어가 된다.

4. 수록된 어휘 중 일부는 시정되어 가는 것도 있으나, 대개는 아직도 거의 모르고 사용하는 것들로서, 그 중요성으로 보면 시정이 시급한 것들이다 (예 : 종군위안부)

5. 각 항의 어휘 내용 해설 뒤에는 한두 줄의 요약을 'Note'로 첨가하여 독자들의 기억에 도움이 되도록 하였다.

6. 독자들의 편의를 위해서 책 끝에 전체의 실질적인 어휘의 내용을 한눈으로 볼 수 있도록 '찾아보기'를 배열해 두었다.

7. 이 책에 수록된 어휘들은 먼저 방송매체나 언론기관에서 솔선수범하여 바로잡아 나가야 할 것들이며, 필자는 기회만 주어진다면 전국적으로 바로잡기 운동을 펼치고 싶은 생각이다. 독자들의 적극적인 관심과 협조를 바라 마지않는다.

차 례

책을 내면서 ___4
이 책의 출간을 기리면서 ___6
일러두기 ___8

첫째 일본의 자기 정당화를 용인하는 말

   01. 종군위안부___18
   02. 을사보호조약___20
   03. 한일합방___22
   04. 대동아전쟁___23

둘째 의미상 틀린 말이나 합당하지 않은 말

   05. 평가절하___26
   06. 상생의 정치___27
   07. 안보불감증___28
   08. 해방과 광복___29
   09. 독립기념관___30
   10. 동방예의지국___31
   11. 사고 많은 곳___32

12. 일제 36년 간 ___34
13. 세쌍둥이, 네쌍둥이 ___35
14. 점입가경 ___36
15. 방금 전 ___37
16. 잘못된 과잉표현 ___38
17. 피로회복제 ___39
18. 독불장군이 없다 ___40
19. 주문, 사람을 싣는다 ___42
20. 노하우를 안다 ___43
21. 말이 안 되는 '세례 요한' ___44
22. 종합터미널과 공동터미널 ___46

셋째 의미상의 혼용과 오용의 일반용어

23. 시간과 시각 ___48
24. 여러 가지 종류, 기간 동안 ___49
25. 그때 당시, 과반수, 유분수 ___50
26. '대부분의 사람' 아닌 '대다수의 사람' ___51
27. '하나도'와 '조금도' ___52
28. '한나라당'의 바른 읽기와 말하기 ___54

차 례

29. '꾸다'와 '빌리다' ___ 55
30. '첫째'와 '첫 번째', '첫째 번'과 '첫 번' ___ 56
31. 현재에 잘못 쓰는 '…겠습니다' ___ 57
32. 확실한 사실에 대한 불확실한 표현 ___ 58
33. '오찬'을 '만찬'이라 하는 지성인? ___ 59
34. '쓰임받는다'와 '배워준다'의 잘못 ___ 60
35. 발이 빠질 '염려' 아니고 '위험' ___ 61
36. 승객과 고객의 혼동 ___ 62
37. '다르다'를 '달르다'로 잘못 말함 ___ 63
38. '…옵시고'와 '…시옵고' ___ 64
39. 조사를 잘못 쓰는 경우 ___ 66
40. '다르다'와 '틀리다'의 구별 ___ 67
41. '마음적으로' '나라적으로'란 말도 있는가? ___ 68
42. '힘들다'와 '어렵다'의 구별 ___ 69
43. '제일'과 '가장'의 구별 ___ 70
44. 매우 유사하면서도 똑같지는 않은 말 ___ 71
45. '霸者'와 '敗者'의 구별 ___ 72
46. 사람의 수를 가리키는 일어와 우리말의 구별 ___ 73

넷째 　특별한 주의를 요하는 낱말

47. 아직도 쓰고 있는 구시대의 한자 훈독___76
48. 암 진단과 '사형선고'___78
49. 특별한 한자에 대한 특이한 읽기___79
50. '문둥이' '나환자' '한센인'의 다른 어감___80
51. 순 우리말과 한자 취음___82
52. 아들 딸에 대한 아버지 어머니의 별난 애칭___84
53. '피서'와 '피정'의 다른 문법 구조___85
54. '님'과 '임'의 차이와 바른 읽기___86
55. '생사(生死)'와 '사생(死生)'___88
56. 접두사로 쓰는 숫자 바로쓰기___90
57. '결혼'과 '혼인'의 어원___92

다섯째 　문법에 어긋나는 말하기와 쓰기

58. 전혀 문법에 맞지 않은 복합적 표현의 말___96
59. 우리말의 띄어 읽기___97
60. 장음을 단음으로 읽는 것___98
61. 단음을 장음으로 읽는 것___99
62. 우리말의 강세음___100
63. 우리말에서의 말하기와 다른 띄어쓰기___102

차례

64. '드셔 보세요'는 잘못된 말___103
65. 틀리기 쉬운, 어려운 말___104
66. 이중 피동의 잘못___105
67. '명사+하다' 구문의 예외___106
68. 필요 없는 토씨와 겹말 붙이기___108

여섯째 역사에 따라 생멸하는 우리말

69. 실용성이 없는 외국어의 한글 표기___112
70. 사라져간 우리말___113
71. 사라져갈 우리말___114

일곱째 지성인의 바른말 탐구

72. '남녀'도 '여남'도 아닌 '양성' 쓰기___118
73. '…적(的)'과 '…상(上)'의 구별___119
74. 부정을 나타내는 한자어의 접두사___121
75. 일체와 일절의 구별___123
76. 洗面(일어)과 洗手(한국어)___124
77. '옛날'의 오용___125

78. '바치다'와 '드리다'의 구별___126
79. '귀 잡수셨다'란 말의 잘못___128
80. '말씀이 계시겠습니다'의 잘못___129
81. 그 섬이 가고 싶어요___130
82. 어중간한 한문 실력의 오류___131
83. 남편에 대한 호칭 '오빠' '아빠' '자기'___133
84. 왜 어려운 한자어를 쓰는가?___135
85. 틀리는 말은 대중가요의 가사에서도___137
86. 우리말 제3인칭 '저'와 '그'___139
87. 형용사의 청유형과 명령형은 불가능한가?___141
88. '젊다'와 '늙다'의 문법적 성격은 같은가?___143
89. '한글'과 '국어'의 개념상 차이___145

여덟째 교양인이 쓸 수 없는 저속한 말

90. '…하다'의 뜻으로 쓰이는 '…맡았다'___148
91. 정상인으로는 쓸 수 없는 악담 욕설___149
92. 공적으로는 쓰지 말아야 할 사투리___150

차 례

아홉째 영어에 관련된 우리말의 문제

    93. 우리말 '올림픽'은 어법상으로는 틀린 말___154
    94. '통일'에 대한 영어는 'Reunification'이 아니다___155
    95. 외국어의 지나친 사용은 우리말을 죽이는 일___157
    96. 거의가 잘못 하는 영어 지명의 오역___159
    97. '힐튼'과 '쉐라톤'의 다른 표기___160
    98. 교통표지판의 틀린 영어___161
    99. '터널'에 대한 영어 표기___163
    100. 영어의 이중 자음에 대한 우리말 표기___165
    101. 영어와는 다른 뜻으로 잘못 쓰는 말___166

맺는 말___168

부록 1: 한글의 우수성___170
부록 2: 우리말의 위기___175
찾아보기___181
저자 소개___185

첫째

일본의 자기 정당화를 용인하는 말

01
종군위안부 從軍慰安婦

　　이 말은 일본인들이 일제 말기(태평양전쟁 때) 우리나라의 미혼여성들을 강제 징용하여 일본군의 전쟁터에까지 끌고 가서 성행위를 하게 한 것을 미화시켜서 표현하는 말로서, 우리나라 사람들도 따라서 쓸 말이 결코 아니다. 우리가 그 말을 쓰면, 당시 우리나라 여성이 자원하여 일본 군인들을 위안하기 위하여 종군한 것으로 인정하는 것이니, 이는 우리 자신이 그들을 모독하는 일이 된다. '부婦'라는 말도 합당하지 않다. 왜냐하면 이 말은 주로 성년 및 기혼의 여자를 일컫는 말이지 어린 처녀를 일컫는 말이 아니기 때문이다. 당시 15~17세 정도의 어린 처녀를 강제 징용하였으므로 이를 속칭 '처녀공출'이라 부르기도 했으며, 당시 남자징용은 사할린(당시 카라후도樺太) 남양 등지로 가서 강제노동을 했지만 처녀들은 주로 일본 군인들의 성적 욕구를 채워주는 일이었다.

그래서 이 말에 대한 필자의 바른 말 대안代案은 '강제징용녀强制徵用女', 또는 '강제성징용녀强制性徵用女'이다. 영어로는 Japanese army sex slave일본군 성노예라고 쓰는데 그 말을 직역하여 쓰기에는 '노예'라는 말이 너무 가혹한 느낌이 들어서이다. 또한 '정신대挺身隊'라는 말도 쓸 수 없는 말이다. 왜냐하면 '정신挺身'이라는 말은 무슨 일에 남보다 앞서서 자진하여 나아가는 것을 의미하기 때문이다. 일제시대에 한국의 어린 처녀들 중에 한 사람도 자진해서 일본군대에 간 사람은 없었다. 이 말도 역시 일제가 자기정당화를 위하여 쓴 말이다.

Note 일본이 자기들의 만행을 정단화하기 위해 쓴 말을 우리가 따라서 쓸 수 없다

마른
을사보호조약

　　1905년에 일본이 우리나라(당시 대한제국)를 강제로 조약을 맺게 하여 외교권과 군사권을 강탈하여 사실상 우리나라의 주권을 장악하게 된 사건을 흔히 '을사보호조약乙巳保護條約'이라고 부르거니와(우리나라 국사학자들도 오랫동안 그들의 저서에 그렇게 썼다), 이 말도, '종군위안부'의 경우와 마찬가지로 일본인들이, 또 우리 측 친일파들이 그것을 정당화하고 미화하기 위해서 일컬은 말이므로 우리로서는 쓸 말이 못된다. 일본의 강제와 친일파들의 매국적 행위로 체결한 이 조약은 바로 그 다음 강제 합방에로 가는 직전 단계 수순이다. 즉 일본이 우리나라를 주변 열강으로부터 보호하기 위해서가 아니라 식민지로 삼기 위한 수순에 불과한 것이다. 언제 우리나라가 일본의 강요 없이 대등한 관계에서 자진하여 우리나라를 외세로부터 보호해 달라고 조약 체결을 한 적이 있었던가? 이것은 일본이 강제로 우리의 일부 통치권을 늑

탈한 조약이므로 '을사늑약乙巳勒約'으로 부르는 것이 바람직하다. (최근에 일부 역사학자들 간에는 단순히 '을사조약' 또는 '을사늑약'이라는 말을 쓰기도 하나, 광복 후 수십 년 동안 심지어 저명한 국사학자까지도 그들의 저서에 '을사보호조약'이란 말을 써 왔다. 그 원인은 그들에게 뚜렷한 민족사관이 없었기 때문이었던가 싶다.)

Note 일본의 강요로 맺은 이 조약은 대등한 국가 간에 자유롭게 맺어진 조약이 아니라 일본이 일방적 강제로 대한제국의 외교·군사권을 늑탈한 조약이므로 '을사늑약'이라 해야 옳다.

한일합방

　위의 경우와 같은 논리를 적용한다면, 1910년의 소위 '한일합방韓日合邦'이란 말도 우리가 쓰는 말로는 합당한 말이 못 된다. 왜냐하면 조약이란 국가 간에 대등한 지위와 권력으로 체결되는 것인데, 이 경우는 전적으로 일본 측의 일방적인 강압에 의해서 이루어진 일이기 때문이다. 따라서 이 말도 우리로서는 '강제'라는 말을 넣어 '한일 강제합방'이라 부르는 것이 바람직하다. 사실로 말하면 일제가 패망하여 물러간 직후 우리나라는 강요에 못 이겨 체결한 을사조약과 한일합방의 무효를 선언했어야 상징적인 의미로라도 독립주권 국가로서의 위신을 세울 수 있었을 것이다.

Note　1910년의 한일합방은 강제 합방이므로 국제법상 무효이다. 1948년 8월 15일 대한민국이 건국되었는데, 당시 정부는 이 조약의 무효를 선언함이 상징적인 의미로도 바람직한 일이었다.

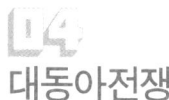
대동아전쟁

아직도 많은 사람들(주로 70~80대의 노령 층)이 일본이 미국과 영국을 상대로 선전포고를 하고 자행했던 소위 '태평양전쟁太平洋戰爭'을 당시 일제가 부르는 말을 따라 '대동아전쟁大東亞戰爭'이라고 부른다. 그러나 이것도 우리가 쓸 말은 아니다. 일제는 당시 서구의 몇 강대국이 동양 제국으로 세력을 확장해 오는 소위 서세동점西勢東漸을 대동단결하여 막고 동아세아 제국이 함께 번영하는 소위 대동아공영권大東亞共榮圈을 이루기 위한 전쟁이라고 자칭한 것이다. 이 말의 뒤에 숨은 일본의 속셈은 물론 일본이 동아세아 여러 나라를 자기의 지배 아래 두고자 한 것임은 말할 나위가 없다.

Note '대동아전쟁'은 일본의 야심을 드러낸 말, 바른 말은 '태평양전쟁'이다.

둘째

의미상 틀린 말이나 합당하지 않은 말

마트
평가절하 平價切下

　이 말은 한자로는 '評價切下'가 아니고 '平價切下'이다. 많은 사람들이 이 말을 다른 사람을 낮게 평가하는 뜻으로, 즉 과소평가와 같은 뜻으로 알고 잘못 쓰고 있다. 그러나 이 말은 순전히 경제적인 술어로서, 고정환율에서 한 나라의 통화의 대외가치를 떨어뜨리는 조치로서, '換切下'와 같은 뜻의 말이다. 반대말은 '평가절상 平價切上'으로서, 일반적으로 많이 쓰는 '평가 評價'와는 전혀 무관 말이다. 지금 많은 사람들이, 이 말을 '과소평가' 대신으로 쓰기 때문에 '과소평가'라는 말은 거의 쓰이지 않는 것이 사실이다. 악화가 양화를 구축하는 현상이다.

Note　'평가절하'가 경세술어이긴 해도 언론기관이나 방송매체끼지도 잘못 쓰고 있으니 참으로 한심하다.

06
상생相生의 정치

여기서 '상생'이란 말은 정치인들이 여당과 야당 간의 관계를 잘 지속해 나가자는 뜻으로 많이 써왔는데, 그것은 잘못된 것이다. '相生'의 뜻은 오행五行의 운행에서 금金은 물水을, 물은 나무木를, 나무는 불火을, 불은 흙土을, 흙은 금을 생기게 해 주는 것을 뜻하는 말이다. 이 말은 바로 '상극相剋'과 대응이 되는 말로서, 상극의 뜻은 위의 다섯 가지가 그 반대로 이기는(죽이는) 것을 뜻한다. 정치인들이 여·야 당간에 서로 협력 화합하는 정치를 해야 한다고 할 때는 '상생'이 아니고 '공생共生, 함께 삶'이란 말을 써야 한다.

Note 서로 죽이지 말고 함께 살자는 뜻의 말은 '상생'이 아니고 '공생'이다.

02
안보불감증 安保不感症

　　이 말을 많은 사람이 '위기불감증危機不感症'이란 뜻으로 잘못 쓰고 있다. 이 말로 나타내는 의미는 국가 안보에 대한 의식이나 감각이 없다는 것인데, 그것은 그것의 이면적裏面的인 뜻이지 표면적表面的인 뜻은 되지 못 한다. 그 말이 나타내고자 하는 뜻은 안보에 대한 감각이 없다는 것이 아니라 위기에 대한 의식이나 감각이 없다는 것이므로 그러한 뜻의 바른 표현은 '안보불감증'이 아니라, '위기불감증'인 것이다.

Note　말하고자 하는 뜻을 바로 나타내는 말은 '안보불감증'이 아니고 '위기불감증'이다.

08
해방과 광복

　이 두 말은 똑 같은 말이 아니므로 엄밀하게는 구별해서 써야 한다. 1945년 태평양전쟁에서 일본이 미·영연합군에 항복함에 따라 우리나라는 일제의 압제로부터 해방이 되었는데, 이것은 소극적(수동적)인 면에서 말하는 것이고, 적극적인 면에서 본다면 우리나라가 잃었던 국권을 회복하고 독립을 되찾게 된 '광복'을 의미하는 것이다. 따라서 우리는 8월 15일을 '해방절'이라 하지 않고 '광복절'이라 부르고, 그러한 뜻으로 기념을 하는 것이다. 실제로 당시 중경重慶으로 피해갔던 우리의 '상해임시정부도 광복군을 조직하여 연합군의 일원으로 일제에 선전포고를 하고 싸웠던 것이다. 그리하여 우리의 광복군을 포함한 연합군은 마침내 우리나라를 다시 주권 독립국가로 광복을 맞게 한 것이다.

Note 1945년 8월 15일의 참 뜻은 일제로부터의 해방보다는 조국의 주권 광복에 있다.

09
독립기념관

　　우리나라가 일제 통치하에서 겪은 고난과 독립운동의 역사 등에 관한 기록과 역사적 자료 등을 전시해 놓고 후세인들의 교육의 장으로 마련해 놓은 기념관을 '독립기념관'이라 명명한 것은 엄밀히 말하면 합당하지 않다. 우리나라는 수천 년의 역사 가운데서 때로 외세(주로 명·청 등 중국)의 간섭을 받은 적은 있으나, 독립을 잃어버린 적이 없는데, 마치 역사상 처음으로 일제로부터 독립을 성취한 것처럼 '독립기념관'이라 한 것은 합당치 않다. 따라서 이 기념관 건물의 명칭도 '광복기념관'으로 하는 것이 더 합당하다.

Note 주권국가인 대한민국으로서는 독립보다 광복에 더 큰 역사적 의의가 있는 것이다.

10
동방예의지국

　이 말도 많은 사람들이 동방의 '禮儀之國', 즉 동방에 있는 예절을 잘 지키는 나라란 뜻으로 알고 있는데, 그 한자 표기는 '禮儀之國'이 아니고 '禮義之國'이다. 여기서 '禮儀'는 인간 간에 지키는 예절을 말하는 데 대해 '禮義'는 '예절'과 '충의忠義', 즉 임금에 대한 충절(왕정시대가 아닌 지금으로 말하면 나라에 대한 충성)을 말하는 것이다. 따라서 '예의지국'禮義之國이라 함은 인간 간의 예절을 잘 지키고 임금에게 충의를 다 하는 나라 즉 충효를 다 실천하는 나라란 뜻이다.

Note　우리나라에 대해서는 부모에 대한 효도와 왕에 대한 충의를 말하므로 '禮義之國'이 옳다.

11
사고 많은 곳

교통안전을 위한 경고판에 '사고 많은 곳' 또는 '사고다발지역事故多發地域' 등으로 쓰인 것을 보는데, 이는 잘못된 말이다. 사고는 결코 많고 적은 분량quantity으로 나타내는 것이 아니라 빈도頻度, frequency로 나타내는 것이므로 '사고 잦은 곳'으로 하는 것이 바른 표현이다. 이 표지판에 대해서는 2002년 월드컵 경기 1년 전에 필자가 이 표지판을 포함한 많은 표지판이 잘못된 것(주로 영문)을 시정하도록 정부(건설부장관)에게 건의한 바 있어 '사고 잦은 곳'으로 시정된 곳도 있으나 아직도 완전히 없어진 것은 아니다.

엄밀히 말하면 '사고 잦은 곳'이란 말도 더 면밀히 검토해 볼 점이 있다. 그것은 '사고 많은 곳'의 '곳'이 합당하냐 하는 점이다. 왜냐하면 사고가 자주 일어난다고 경고를 하는 장소는 '곳'이라는 말보다는 '지점'이라는 말이 더 합당하기 때문이다. '곳'이라

하면 그 범위가 어떤 지역과 같은 넓은 범위를 가리키는 데 대해, 사고가 나는 장소는 한 지점地點을 가리키기 때문이다.

Note 사고는 양이 아니라 빈도수로 말하는 것이므로 '사고 잦은 곳'이 옳다.

1년
일제 36년 간

　　1945년 우리나라가 일제로부터 해방되던 때 이후 지금까지 우리나라가 일제의 통치를 받은 기간을 '36년간'이라고 많이 써왔다. 3.1절이나 광복절 행사에서 정부요인들의 경축사에서도 그 말을 많이 들어왔다. 그러나 이 말은 옳지 않다. 일제가 우리나라를 강제합방한 날은 1910년 8월 29일이요, 우리나라가 일제로부터 해방된 날은 1945년 8월 15일이므로 정확하게 말하면 34년 11개월 14일로서 35년에도 2 주간이 모자라는 기간이다. 이 수모受侮의 통치기간을 우리가 어찌 1년을 늘려서 쓸 필요가 있는가. 바른 말로는 '일제 35년간'이라 해야 한다.

N o t e　주권을 빼앗기고 식민지 통치를 받은 수모의 기간을 늘려서 말할 수 없다.

세쌍둥이, 네쌍둥이

많은 사람이 흔히 잘못 쓰고 있는 말 중의 하나는 '세쌍둥이' '네쌍둥이'라는 말이다. 왜냐하면 여기서 '쌍雙'이라는 말은 그 자체가 둘을 나타내는 것이지 셋이나 넷을 나타낼 수는 없기 때문이다. 바른 말은 '삼태아三胎兒' 또는 '삼생아三生兒'이다. 그런데 '세쌍둥이' '네쌍둥이'라는 말은 국어사전 상으로도 인정하여 '쌍둥이'에 대한 사전상의 정의, 즉 '한 태에서 둘이 나온 아이'와 그 자체 모순을 나타내고 있다. 그리고 '쌍동이'에 대한 한자 표기는 '雙童이'가 아니고 '雙둥이'이다. 왜냐하면 금방 난 영아는 '동童'이라 하지 않고 '아兒'라고 하기 때문이다.

N o t e '쌍'이란 말은 둘을 뜻하므로 '세 쌍둥이'란 말이 성립될 수 없다.

14. 점입가경漸入佳境

　　이 말도 거의가 잘못 쓰고 있다. 많은 사람들이, 또한 언론기관까지도, 어떠한 일이 점점 잘못되어 가는 상태를 나타내는 말로 쓰고 있는데, 그것은 '가경'이란 말을 잘못 알아서, 전적으로 반대되는 말을 쓰고 있는 것이다. 즉 '점입가경'이란 말은 어떠한 일이 점점 잘되어 가는 상태佳境를 나타내는 말이며, 점점 더 아름다운 경지로 들어간다는 말이다. 이것과 반대되는 마로는 '점입난경漸入難境'이라 하면 될 것이다.

Note　점점 험한 경지로 들어간다는 말을 '가경'이라 함은 정반대가 된다.

1년
방금 전

 많은 사람들이 흔히 쓰는 '방금 전方今 前'이란 말도 잘못 쓰고 있는 것이다. '방금'이란 말은 '바로 이제'라는 뜻으로 현재를 나타내고, '전'이란 말은 과거를 나타내는 것이므로 이 두 말이 하나로 결합될 수가 없는 것이다. 이 말은 '바로 조금 전(순간의 과거)'이란 말을 잘못 쓰고 있는 것이다.

Note 바로 현재의 순간을 말하는 '방금'과 과거를 말하는 '전'은 시간으로 병행될 수가 없다.

16
잘못된 과잉표현

'육식을 먹는다' 또는 '채식을 먹는다'라는 말도 많이 쓰는데 이것도 잘못된 것이다. '육식肉食'이나 '채식菜食'이란 말은 그 자체에 이미 '먹는다'라는 말이 있으므로, '육식을 먹는다'라고 하면 그것은 하나의 과잉표현過剩表現, redundancy이 되는 것이다. 그냥 '육식을 한다'라 하고 '채식을 한다'라고만 하면 되는 것이다.

이와 같은 것으로는 '교육을 가르친다(교육을 한다)', '지식을 안다(지식을 가졌다)', '미술을 그린다(그림을 그린다)', '무용을 잘 춘다(춤을 잘 춘다)' 등도 들 수 있다(이상 괄호 안의 말이 바른 것).

Note '채식'의 '식(食)'과 '먹는다'는 '식'이 이중으로 쓰여 과잉표현이 된다.

12
피로회복제

　많은 사람이 잘못 쓰는 말인지도 모르게 잘못 쓰는 말 중의 하나는 '피로회복제'라는 말이다. 누구도 전에 피로했던 것을 회복하기 위해서 피로회복제를 달라고 하는 사람은 없을 것이다. 약국의 약사도 '피로회복제'라고 말하면서 팔고 있다. 이러한 간단하고 쉬운 말도 언어감각이 없으면 전혀 잘못된 줄도 모르고 쓰는 것이다. 이것은 '피로해소제'라 해야 바른 말이다.

Note　말하고자 하는 뜻은 피로를 해소하고자 하는 것이므로 '피로해소제'가 옳다.

18
독불장군이 없다

 '독불장군獨不將軍'이란 말은 사전적인 의미로는 (1) 여러 사람의 지지를 받지 못하여 외롭게 된 사람, (2) 무슨 일이나 자기 혼자서 처리하여 나가는 사람, (3) 혼자의 힘으로는 도저히 해낼 수 없는 일이기 때문에 다른 사람의 협력을 얻어야 한다는 등의 뜻이 있는데, 흔히 잘못 쓰는 말은 (3)의 경우에 "독불장군이 없다"라는 말을 쓰는 것이다. 이것은 이중 부정을 함으로써 의미를 반대로 나타내는 것이 된다. 즉 '독불장군'의 '불不' 자가 못 된다고 하는 부정을 나타내는데 다시 '없다'라는 부정을 더하여 결과적으로는 긍정이 되게 하는 것이다. 다시 말하면 "혼자로써는 장군이 될 수 없다"는 말을 한다고 하면서 언어 문자상으로는 "혼자로써 장군 못 되는 일이 없다"라는 반대의 의미가 되는 것이다. 바른 말은 그저 "사람이 하는 일에는 다 독불장군이야"라고 하는 것이다. '독불장군'은 '獨不得將軍'이라야 할 것을 흔히 쓰는

사자성어四字成語(네 글자로 한 낱말을 만드는 경우. 예 : 學而時習, 杜門不出 등)로 나타낸 것이다.

N o t e '불'과 '없다'가 이중부정으로 긍정이 되어 의도하는 말과는 반대가 된다.

1년
주문注文, 사람을 싣는다

이 말은 물품을 만들거나 파는 사람에게 부탁하여 청구하거나 맞춤을 뜻하는데, 이 말을 어떤 사람에게 무엇을 요청하거나 부탁하는 말로 쓰는 것은 잘못된 것이다.

또 한 가지 많은 사람들이 사람을 '차에 태운다'라고 해야 할 것을 '차에 싣는다'고 말하는데, 전술한 '주문'과 '사람을 싣는다'라는 말은 사람의 '인격'을 물건과 같은 '물격物格'으로 격하시키는 무례한 말이 아닐 수 없다.

Note 주문은 물건을 청구하는 것으로서 사람에게 무엇을 요청하는 것과 다르다.

노하우를 안다

　근년에 와서 자주 쓰는 말 중에 "…에 대한 노하우를 안다"라는 말이 있다. '노하우'는 영어 'know-how'로서, 무엇이 어떠하다는 것에 대한 지식을 뜻하는데, 그것을 다시 '안다'라는 말로 반복하는 것으로서 잘못된 것이다. 바른 표현으로는 "그는 그 점에 대해서는 충분한 노하우를 가지고 있다"와 같이 말해야 한다.

N o t e '노-(know)'와 '안다'가 이중이 되어 과잉표현이 된다.

51
말이 안 되는 '세례 요한'

한국 교회가 아직도 예배용으로 많이 쓰고 있는 개역성경(1938년 발행)은 당시 미국 선교사 주도로 번역된 것으로서 어휘를 바로 쓰지 못 된 것이 없지 않은데, 그 가운데 하나가 '세례 요한'이란 어휘이다. 이 말은 헬라어 원어에서 물론 '세례자 요한'이요 세계의 모든 번역성경이 다 '세례자 요한'으로 번역하고 있고, 같은 한자를 쓰는 중국과 일본어 성경에서도 사람을 나타내는 '…자者'를 붙여 '洗禮者'라고 쓰고 있는데 유독 한국 성경만이 최근 1998년의 개정성경 개정판에서까지 '세례 요한' 그대로 쓰고 있으니 이는 실로 언어도단(넌센스)이다.

'세례 요한'은 예수의 공생애 사역에 앞서서 예수의 메시아 되심을 증언하고, 예수에게 세례를 베푼 선구자로서 분명히 인물을 가리키는 말인데 '세례자 요한'이라 하지 않고 '세례 요한'이라 번역하고 있는 것이다. 이 말의 부당성은 '과학자 아인슈타인'이라

할 것을 '과학 아인슈타인'이라 하는 것, 이것을 영어로 말하면, 'Einstein a scientist'라고 해야 할 것을 'Einstein a science'라고 하는 것과 같은 어처구니없는 오류이다.

N o t e 사람을 가리키는 데 '…자(者)' 자를 안 쓰는 것은 어불성설(語不成說)이다.

'종합터미널'과 '공동터미널'

'종합'은 여러 가지 다른 것을 하나로 합치는 것이고, '공동'은 어떤 한 가지를 여러 주체가 함께 한다는 뜻이므로, 같은 여러 여객 버스가 한 곳의 같은 '터미널(종착주차장)'을 쓰는 경우에는 '종합터미널'이 아니고 '공동터미널'이라 해야 옳다.

그와는 달리 '종합운동장'은 옳다. 왜냐하면 한 곳의 운동장에서 여러 가지 다른 경기를 하는 것이기 때문이다.

Note 터미널은 '공동'으로, 운동장은 '종합'으로 말하는 것이 옳다.

셋째

의미상의
혼용과 오용의 일반용어

시간과 시각

많은 사람이 '시간時間'과 '시각時刻'을 정확하게 구별해서 쓰지 못 하고 있으나 이 두 어휘는 분명히 그 의미하는 바가 다르다. '시간'은 어떤 시점에서 다른 어떤 시점까지의 사이의 길이(영어로 the period of time)를 말하는 데 대해, '시각'은 시간선상의 한 점(時點, the point of time)을 가리키는 점에서 분명히 구별된다. 오랫동안 '시각'이란 말은 거의 쓰이지 않고 '열차 시각표'라고 할 것을 '열차 시간표'로 써오던 것을 현재는 많은 역 안내판에서 '열차 시각표'로 바로 쓰고 있으나 아직도 보편화되지는 못 하고 있다.

Note 시간은 때가 지나가는 동안을 말하고, 시각은 한 시점을 말한다.

여러 가지 종류, 기간 동안

'여러 가지 종류'란 말에는 '가지'와 '종류'가 중복되고 있으므로 옳지 않다. '종류'와 '가지'는 한자어와 순 우리말의 차이 밖에 없을 뿐, 뜻으로는 똑 같은 것이다. 다만 이중으로 쓰는 것이 잘못된 것이므로 그 중 하나만으로 '여러 가지'라고 하든지, '여러 종류'라고 하든지 하면 되는 것이다.

또 많은 사람들이 '…하는 기간 동안'이란 말을 쓰는데, 여기서 '기간期間'이라는 말과 '동안'이라는 말은, 전자는 한자어이고 '동안'은 순 우리말(고유어)이라는 차이일 뿐 뜻으로는 똑 같으므로 필요 없는 중복이 되는 것이다. 그러므로 '…하는 동안에'라고 하든지, '…하는 기간에'라고만 하면 되는 것이다.

N o t e 같은 뜻을 가진 한자어와 순 우리말을 중복해서 쓸 수 없다.

그때 당시, 과반수, 유분수

'그때 당시'라는 말도 '그때'라는 순 우리말과 '당시當時'라는 한자말이 이중으로 반복되므로 과잉표현redundancy으로 잘못된 것이다. 다만 '그때'라고 하든지, '당시'라고 하든지만 하면 되는 것이다.

"과반수過半數가 넘는다"라는 말도 같은 경우이다. '과반수'라 하면 '과' 자에 벌써 '넘는다'란 말을 썼는데 거기에다 '넘는다'라는 말을 이중으로 쓸 필요가 없다. "과반수가 된다"라고 해야 한다.

'유분수有分數'라는 말 가운데는 이미 '있다有'라는 말이 있으므로 이것도 과잉표현으로 잘못된 것이고, 다만 '분수가 있지'라고 하든지, '유분수이지'라고만 하면 되는 것이다.

Note '그때'와 '당시' '과반수' '유분수' 등은 모두 중복어로서 과잉표현이다.

'대부분의 사람' 아닌 '대다수의 사람'

많은 사람을 나타내어 말할 때 가장 많이 쓰기를 '대부분의 사람들'이라고 하는데, 잘못된 말이다. 사람이 많고 적음은 수數로 나타내는 것이기 때문에 '대다수의 사람'이라고 해야지 '대부분의 사람'이란 될 수가 없다. 영어로 말하면 'most'라는 말이 수에도 양에도 다 쓰이지만(예 : the most people 또는 the most part 등) 우리말로는 '대부분의 사람'은 어법상 성립될 수가 없다. 예를 들어 두 가지를 구별하면, "대다수의 사람들은 자기만을 사랑한다" 하는 경우와 "오늘 대부분의 지방에서 비가 온다"로 그 다름을 볼 수 있다.

Note 이렇게 쉽고 분명한 구별을 못 하고 대다수의 언중(言衆)은 물론, 심지어 언론기관이나 방송에서까지 잘못 쓰고 있으니 한심한 노릇이다.

'하나도'와 '조금도'

　이 두 말도 대다수의 사람들이 잘못 쓰고 있다. 역시 '하나도'는 수를 나타내는 말인 데 대해, '조금도'는 정도를 나타내는 말이기 때문이다. '하나'라는 말(수사)은 많은 대상에 걸쳐 수를 나타내는 말로서, 사람인 경우에는 '한 사람'이 되고, 과일을 말할 때는 '한 개'가 되고, 자동차를 말할 때는 '한 대'가 되는 등 다양하게 쓰이며, '조금'이라는 말도 정도를 나타내는 말(명사, 부사 등)로는 물질의 적은 분량(예 : 돈이 조금 있다), 시간의 짧음(예 : 조금 기다려), 그 외 다양하게 쓰이나 수를 나타내는 말은 될 수가 없다.
　예를 들면 누구나 쉽게 이해할 수 있다. "쓸 만한 물건이 하나도 없다"는 되지만, "오늘은 하나도 안 춥다"라는 말은 될 수가 없는 것이다. 즉 "오늘은 조금도 안 춥다"가 되어야 한다. 그러나 한 가지 말이 위의 수와 정도를 다 나타내는 경우도 있을 수 있다.

예를 들면, "그 사람의 말은 하나도 믿을 수가 없다"라고 할 때, 그 사람의 여러 말 가운데 한 가지도 믿을 수 없다는 말이 되는 동시에, 그 사람의 말은 (그 사람이 신실한 사람이 아니기 때문에) 최소한의 정도도 믿을 수 없다는 뜻도 되는 것이다.

Note 이러한 말들은 조금만 자세히 생각하면 그 잘못된 것을 알 수가 있다.

28
'한나라당'의 바른 읽기와 말하기

　　　현재 우리나라의 제일 야당인 '한나라당'을 뜻으로나 말하기로나 잘못하는 사람이 매우 많다. 아마 바로 말하는 사람보다 잘못 말하는 사람이 훨씬 많으며, 심지어 한나라당 국회의원들 중에도 그런 사람이 있는 것은 참으로 어이가 없는 일이다.
　'한나라당'의 '한'은 결코 '하나'를 의미하는 것이 아니고, '큰大一'을 의미하는 것이다. 이것은 마치 '한글'의 '한'이 '하나' '크다' '바르다'의 뜻을 가진 것(혹 한나라당에서 당명을 결정할 때 '한글'의 '한'을 원용했는지 모름) 중에서 '크다'의 뜻에 맞춘 것이다. 이러한 이해는 '한나라당'의 영어번역을 보면 분명하다. 즉 한나라당의 영어번역은 'One National Party'가 아니고, 'Grand National Party'인 사실이다.

Note　'한나라당'을 말할 때는 '한'에 강세(액센트)를 주어 발음해야 바른 읽기가 된다.

논논
'꾸다'와 '빌리다'

'꾸다'와 '빌리다'는 일부 공통적인 의미가 있으므로 많은 사람들이 구별을 하지 못 하고 쓰는 경우를 흔히 본다. 그러나 이 두 말은 분명히 다르다

'꾸다'는 다른 사람의 돈이나 소모품을 나중에 동일한 가치의 양이나 물품으로 갚기로 하고 자기가 사용하는 것인 데 대해, '빌리다'는 어떤 물건을 나중에 그대로 돌려주기로 하고 얼마 동안 사용하는 것을 말한다. 그런데 요즘 '꾸다'는 말은 거의 쓰지 않고 그 두 가지에 해당되는 행위를 '빌려쓰다'란 말로만 쓰는 경향이 많다. 예를 들면, 돈은 꾸어 쓰는 것이지 빌려쓰는 것이 아닌데 '빌려쓴다'고 하는 것이다. 즉 돈은 꾸어 쓰는 것이므로 나중에 그 금액으로 갚으면 되는 데 대해, 책을 빌려 쓸 때는 바로 그 책을 돌려주어야 하는 것이다.

Note 돈은 꾸어서 쓰는 것이고, 책은 빌려서 보는 것이다.

'첫째'와 '첫 번째', '첫째 번'과 '첫 번'

많은 사람들이 '첫째'와 '첫 번째'를 구별하지 못 하고, '첫째'라 해야 할 것을 '첫 번째'라고 말을 잘못 하고 있다. 그러나 이 두 말은 분명히 구별된다. '첫째'는 서수序數(차례를 나타내는 수. 한자로는 '第一')인 데 대해 '첫 번째'는 회수回數를 아울러 나타내는 서수라는 데 차이가 있다. 또 흔히 '첫(째) 번'이나 '둘째 번' 등의 용어를 쓰는데 이 말들은 서수를 아울러 나타내는 회수로 쓰는 말이다. 예를 들면, "오늘 할 국어공부는 첫째 바로 말하기, 둘째 바로쓰기이다", "우리 선수는 첫 번 경기에서는 졌으나 둘째 번 경기에서는 이겼다".

N o t e 조금 어렵기는 하나, 서수와 회수의 구별만 하면 쉽게 이해할 수 있다.

현재에 잘못 쓰는 '…겠습니다'

　　우리나라 사람이 우리말을, 그것도 쉬운 말을 잘못 쓰는 이유는 어디에 있는지 이해가 되지 않는다. 그 중의 하나가 현재의 사실을 말하면서 시제時制로는 미래형을 쓰는 것이다. 예를 들어 "이제 제가 드리는 말씀을 잘 들어주시기를 바라겠습니다"든가, 무슨 축하행사에 와서 본인을 만나 "선생님 축하드리겠습니다"라고 하는 말을 흔히 듣는데, 이는 기본적으로 시제를 잘못 말하는 것이다.

　또한 자신의 바라는 바를 말하거나 하고 싶은 심정을 표현하는데 "…하기를 바라고 싶습니다"라는 애매한 말을 하는 사람도 있다. 단순히 "…을 바랍니다"라 하든지, "…을 하고 싶습니다" 하면 될 것을 어법상 맞지 않은 이중적인 표현을 하는 말이다.

Note　무엇을 바라거나 축하하는 일은 모두가 현재적인 표현을 해야 한다.

확실한 사실에 대한 불확실한 표현

언어는 시대를 따라 변하는 것이 사실이다. 강산은 10년 만에 변한다고 하지만 요즘 같은 고속화시대에는 언어도 속히 변하기 마련이지만, 오늘날과 같은 모든 것이 불확실한 시대에는 언어도 불확실하게 되어가는 것이 범상의 일인지는 모르겠다. 그러한 언어현상 가운데 하나가 분명한 사실을 분명하지 못한 말로 표현하는 것이다.

예를 들면, 분명히 아름다운 자연의 경치를 보면서 "참 아름다운 것 같애요"와 같이 말하는 것이다. 오래 전에는 전혀 들어볼 수 없었던 이러한 표현이 자연스레 나오는 이유는 어디에 있는지 참으로 알 수가 없다. 아름다운 자연의 경치를 보고 아름답게 느껴졌으면 그대로 "참 아름다워요"라고 하면 될 것인데 어째서 "아름다운 것 같애요"라고 불확실성을 나타낼 이유는 어디에 있는가?

Note 불확실한 시대에 확신이 없이 살아가는 현대인의 심리적 현상을 말하는 것일까?

'오찬'을 '만찬'이라 하는 지성인?

하루 세 끼니의 식사를 구별해서 한자어로 말할 때, 아침 식사는 '조찬朝餐', 점심식사는 '오찬午餐', 저녁 식사는 '만찬晚餐'으로 말하는 것은 지성인이라면 거의 상식에 속하는 것인데, 흔히 점심 식사를 '오찬' 대신에 '만찬'이라고 잘못 말하는 것을 여러 번 들은 적이 있다. '찬餐'이란 말은 대개 특별히 잘 차리어서 손님을 대접하는 식사를 말하는 것으로서 단순한 '반飯'이나 '식食' 자를 쓰는 경우와 구별되는 것이다. 예를 들면 보통의 식사를 말할 때는 아침 식사는 '조반朝飯', 저녁 식사는 '석반夕飯', 점식 식사는 중식中食 등과 구별되는 것이다.

이렇게 잘 차려놓은 식사에 대해서는 인사를 할 때 초대하는 쪽에서는 겸손하게 '소찬素饌(=반찬이 좋지 않은 조촐한 식사)'이라고 말하고, 대접을 받는 손님 측에서는 '성찬聖餐, 盛饌'이라고 응답한다.

Note 상당한 지식인 중에 오찬과 만찬을 혼동하고 있으니, 이해하기 어렵다. 우리가 갖는 지식 중 가장 기본적인 것이 우리말에 관한 지식이 아닐까?

'쓰임받는다'와 '배워준다'의 잘못

　주로 기독교인들이 "하나님께 쓰이는 사람…"이라 할 것을 "하나님께 쓰임 받는 사람…" 등으로 잘못 쓰는 경우가 많다. '쓰임'이라는 말 자체가 이미 '쓰다'의 수동태인데, 거기에 '받는다'라는 말을 첨가하는 것은 필요 없는 사족蛇足에 불과하다. 이 말이 특별히 기독교인들에 의하여 많이 쓰이는 이유는 어디에 있는가?

　그것과 유사한 것으로 '가르쳐준다'라 할 것을 '배워준다'라고 하는 사람이 많다. 그러나 그것은 잘못된 것이다. '배우다'는 '가르치다'와 대응이 되는 말로서, '배우다'는 가르침을 받는 학생의 입장이고, '가르치다'는 선생이 학생을 대해서 하는 행동이다. 따라서 선생이 하는 교육 행위를 '배워준다'고 하는 말은 성립될 수가 없고, 바른 말은 '가르쳐주다'이다. '배움을 받았다'라는 말도 어색하며, '배웠다'라고 해야 옳으며, '가르침을 받았다'라는 말을 쓰기도 하나, 그것도 어색하며, 단순히 '배웠다'라고 하면 된다.

Note　'배우다'와 '가르치다'는 상내어로서 그 구별이 뚜렷한데, 그것에 혼동을 일으키는 것은 문법적인 감각이 없기 때문이다.

논단
발이 빠질 '염려'가 아니고 '위험'

　　전철역의 안내원이 하는 방송 언어 중에서 흔히 "…에서는 열차와 승강장 사이가 넓어서 발이 빠질 염려가 있사오니 주의하여 주시기 바랍니다"라는 말을 듣는데, 이 중에서 "발이 빠질 염려"는 잘못된 말이고, "발이 빠질 위험"이라고 해야 옳다. 이 말을 방송원 자신의 말로 한다면 "발이 빠질까 염려되오니"라 해야 하겠지만, 승객들에게 주의를 환기시키는 말로 한다면 "발이 빠질 위험이 있사오니"로 해야 옳다. 왜냐하면 그것은 방손원의 염려를 알리는 방송이 아니라 승객 편의 위험을 경고하는 방송이기 때문이다.

N o t e　방송원의 염려와 승객의 위험을 잘못 연계시킴으로 논리적인 혼동을 일으킨 것이다.

36
승객乘客과 고객顧客의 혼동

언제부터인지 '고객'이라는 말을 많이 쓰면서 최근에는 전철역의 '표 사는 곳'이란 말 대신에 '고객센터'라는 말이 쓰이고 있다. 기차에서는 다음 역에 도착할 때 나온 방송에서도 "다음 역에서 내릴 고객 여러분께서는 …"이란 말을 쓴다. 위의 두 가지 경우에서는 '고객'과 '승객'을 전적으로 혼동하고 있는 것이다. 전철역에서 표를 사는 사람도 '승객passenger'이지 '고객顧客, customer'이 아니다. '고객顧客'은 영업상의 손님으로서 '상객商客'과 같은 뜻이며 백화점에 물건을 사러 오는 손님과 같은 경우를 가리킨다.

그러나 서울의 전철 5호선에서는 바르게 쓰고 있는 한 예를 보았다. 전철 창에 다음과 같이 쓰여 있었다.

"약냉난방칸"이라 표시해 놓고 그 아래에 "약한 냉난방을 원하는 승객은 이 칸을 이용하십시오"라고 기록하고 있는 것이다.

Note 승객과 고객을 구별하지 못 하는 것은 지식인으로서는 있을 수 없는 일이다.

논 '다르다'를 '달르다'로 잘못 말함

'다르다異('같지 않다라는 뜻)'라는 말을 할 때에 발음상으로는 '다르다'가 아닌 '달르다'로 말하고, 활용형으로서도 '달르고' '달르니' '달르게' 등으로 잘못 발음하는 경우가 많다. 그렇게 하는 이유는 이 말이 본래 '르'불규칙형용사로서 그 활용형에서 '달라' '달라서', '달리'로 발음하는 영향을 받은 것으로 보인다.

이러한 사례는 '그르다(글르다)', '너르다(널르다)', '배가 부르다(불르다)' 등의 형용사도 여럿 있고, '가르다(갈르다)', '부르다呼(불르다)', '고르다('가려내다'의 뜻, 골르다)', '발을 구르다(굴르다)' 등의 동사에서도 많이 볼 수 있다. '이름을 부르다'의 경우도 '불르다'로 말하고, '…을 모르고'의 경우도 '몰르고' 등으로 발음을 하는 것이다.

N o t e 이 경우는 'ㄹ' 받침이 이중적으로 발음되는 경우로서, 'ㄹ' 하나로 발음하는 경우보다 'ㄹ ㄹ'로 발음하는 것이 더 유연하기 때문이 아닐까?

셋째 의미상의 혼용과 오용의 일반용어

'…옵시고'와 '…시옵고'

 이것도 기독교인들만의 잘못인 듯하다. 기독교인들이 특히 많이 쓰는 것은 기도의 맺음말이 되기 때문일 것이다. 하나님께 기도하는 말은 최대의 존대어를 쓰는 것이 마땅하지만 '…옵시고'는 문법상으로 잘못된 것이고, 바른 말로는 '…시옵고'이다.

 존대법을 쓰는 데는 두 가지 면으로 접근해야 하는데, 그 하나는 청자상대방 존대요, 다른 하나는 화자주체겸양이다. 즉 상대방은 높이고 자신은 낮추는 것이다. 동사 또는 형용사에 보조어간으로 붙어 전자를 나타내는 것이 '…시'이고, 후자를 나타내는 것이 '옵'인데, 이 두 보조어간이 어떤 순서로 쓰이느냐에 따라 옳고 그름이 되는 것이다. 즉 '…시옵고'는 옳고, '…옵시고'는 잘못된 것이다(중세 고어에서는 쓰인 적도 있다). 이에 대한 한 가지 증거를 들면, '…주시옵소서'는 가능하지만 '주옵시소서'는 불가

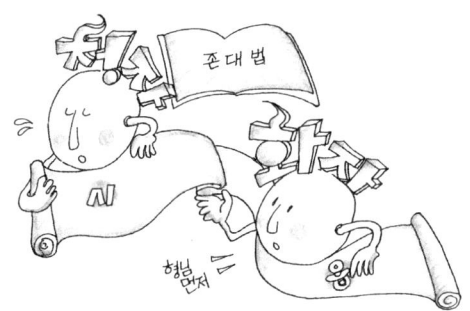

능하다는 사실이다. 다시 말하면, 한 낱말에서 화자 존대와 청자 존대가 겹칠 때는 청자 존대를 먼저 쓰고 화자 존대는 뒤에 쓴다는 말이다. 흔히 기독교인들이 기도할 때에 '주시옵시고'라고 말하는 것은 청자존대 접사 '시'를 중복하여 쓴 과잉표현으로 잘못된 것이다.

Note 기독교인들의 기도는 하나님께 하는 것이므로 최대의 존대를 하고자 하는 심리적 현상이 이중 존대로까지 나타나는 것이 아닐까?

조사를 잘못 쓰는 경우

대다수의 사람은 언어생활에 있어 문법에 관한 의식이나 지식이 없이 말을 하고 따라서 문법에 어긋난 말을 쓰는 경우가 적지 않다. 그 중의 하나를 우리는 "…해야만이 …"라는 말을 들 수 있다. 이 말의 문법적인 구성을 보면 '하다' 동사에 '…만'이라는 조사助詞를 붙이고 거기에 다시 명사에 붙이는 주격조사 '…이'를 붙인 것으로서, 마지막에 붙인 '…이' 주격조사는 붙일 수가 없는 것이다. 즉 동사에 '…만' 조사를 붙이고, 거기에 다시 명사의 '…이' 조사를 겹으로 붙여 문법상 오류를 범한 것이다. 이 경우에는 단지 "…해야만…"으로 족한 것이다.

Note 우리말에 대한 문법적 감각이 없을 때는 조사 하나까지도 잘못 쓰게 되는 것이다.

40
'다르다異'와 '틀리다違'의 구별

많은 사람이 '다르다'란 말과 '틀리다'는 말을 구별하지 못하여 잘못 쓰는 경우가 많은데, 이 두 말은 분명히 뜻이 다른 말이다. 이 두 말을 달리 쓰는 것은 영어(different와 erroneous)를 비롯해서 독일어, 프랑스어 등 다수 국가의 언어가 다 구별하고 있는데 유독 일어에서는 '다르다'라는 뜻으로도 'ちがう(違う)'가 쓰인다. 물론 '異なる'라는 말도 쓰이지만, 더 많이 쓰이는 것은 전자이다. 중국어로는 둘을 구별하기는 하되 우리말 한자와는 달리 '다르다'라는 말은 '異'가 아닌 '不同' 또는 '不樣'을 쓰고 '틀리다'란 말에도 '違' 자가 아닌 '錯' '不對' 등을 쓰는 것은 이례적이다.

Note 일본어의 경우에는 한자가 표의문자인 것을 잘 나타내지 못 하고 있는 것이다.

41
'마음적으로' '나라적으로'란 말도 있는가?

한문의 '…的'은 명사와 결합하여 형용사적인 뜻을 나타내는 말로서, 순 우리 고유어와 결합하지 않는 것이다. 그러므로 '마음적으로'는 '심적으로' 또는 '정신적으로'라고 하고, '나라적으로'는 '국가적으로'라고 해야 한다.

이와 유사한 현상으로 요즘 많이 볼 수 있는 것은 영어에 우리말을 결합시켜 쓰는 것이다. 예를 들면 '신선한'을 '프레시한(fresh+한)'으로, '시원한'을 '쿨한(cool+한)'으로, '실재적인'을 '리얼한(real+한)'으로, '반어적反語的인'을 '아이러니칼한(ironinical+한)' 등으로 쓰는 경우이다.

Note 오늘날 소위 글로벌(global)시대에 타민족 간 결혼(interracial marriage)으로 혼혈아가 많이 나는 것처럼 우리말도 혼합어가 많이 생겨나는 것은 어찌할 수 없는 것인가?

4도
'힘들다'와 '어렵다'의 구별

많은 사람들이 이 두 말을 구별 없이 쓰고 있으나 자세히 따져보면 구별 없이 쓸 수 있는 말이 아니다. '힘들다'란 말은 말 그대로 힘(노력=勞力)이 든다는 것이니, 육체적인 기력이 든다는 말인 데 대해, '어렵다'란 말은 육체적으로 힘쓰는 이외의 모든 경우를 포괄적으로 어떤 일을 하는데 쉽지 않음을 말하는 것이다. 예를 들면 "그런 노동은 노년으로서는 하기가 힘든다"의 경우에 대해, "그가 하는 말은 참으로 알아듣기 어렵다"의 경우와 같다. 즉 노동은 기운이 없는 사람에게는 하기에 '힘이 드는 것'이요, 어떤 말은 알아듣기가 '쉽지 않음'을 말하는 것이다.

Note '힘들다'란 말은 정말 '힘이 들 때'만 쓰는 말로서, 어렵지는 않을 수도 있는 것이다.

셋째 의미상의 혼용과 오용의 일반용어

43
'제일'과 '가장'의 구별

이 두 가지 말이 많은 경우에 혼동해서 쓰이고 있으며, 그 사용의 빈도수로 보면 '제일'이 '가장'보다 훨씬 많이 쓰인다. 어찌하여 순 우리말인 '가장'보다도 '제일'이라는 한자어가 더 많이 쓰이는가? 그것은 우리의 일상생활에서 '가장'이라는 부사副詞보다 '제일'이라는 명사名詞 또는 수사數詞가 더 익숙해져 있기 때문이리라. 예를 들면, "금강산은 세계 제일의 명산이다", "우리나라에서 가장 큰 도시는 서울이다".

Note '제일'이란 말은 '첫째'로, '가장'이란 말은 '최고'란 뜻으로 이해하면 쉽다.

매우 유사하면서도 똑같지는 않은 말

　　많은 사람들이 발음으로나 문자로나 매우 유사하면서도 똑같지 않은 말을 구별하지 않고 혼동해서 쓰는 경우가 있다. 그러한 말을 구별하는 것은 매우 어려운 일이므로 특별히 예민한 언어감각이 필요하다.

'춘기(春期)'와 '춘계(春季)'는 사전상으로는 다 '봄철'이라 할 뿐 달리 구별해서 설명하지 않고 있으나, 엄밀히 말하면 똑같지는 않다. '춘기'는 그 '기(期)' 자가 뜻하는 대로 어떤 때의 기간(期間) 또는 시기(時期)를 말하고, '춘계'는 역시 그 '계(季)' 자가 뜻하는 대로 1년 사계절(四季節) 중의 봄철을 뜻하는 것이다. '하기'와 '하계', '추기'와 '추계', '동기'와 '동계'의 차이도 마찬가지이다.

Note　'계절'은 우리말의 '철'이고 '기간'은 우리말의 '동안'으로서, 한자어와 고유어로 구별하면 이해가 된다.

45
'覇者패자'와 '敗者패자'의 구별

'패자敗者'의 대응어는 '패자覇者' 아닌 '승자勝者'가 옳다. '覇' 자는 '이긴다'는 말이 아니라 '우두머리' 또는 '으뜸'이란 말이기 때문이다. 그러므로 '승패勝敗'를 가린다고 할 때는 '覇' 자가 아니고 '敗' 자가 옳은 것이다. 운동경기에서 흔히 쓰는 '연패'라는 말은 전년에 이어 패권을 연속해서 가졌다는 의미에서 '연패連覇'의 뜻으로 쓰이지만, 그 반대로 연속해서 게임에서 졌다는 '연패連敗'의 대응어로는 '連覇' 대신에 '連勝'이라고 쓰는 것이 바람직하다.

Note 발음이 똑같은 두 말이 뜻으로는 반대가 되는 때는 그 혼동을 피하기 위하여 한 가지는 안 쓰는 것이 바람직하다.

사람의 수를 가리키는 일어와 우리말의 구별

 사람의 수를 말하는데 일본어로는 '명名' 자를 쓰고, 우리말로는 본래 '인人' 자를 써왔다. 그러던 것이 일제시대를 거쳐 현재는 두 가지를 다 쓰고 있다. 예를 들어 몇 사람을 가리킬 때 일어로는 '수명數名'이라 쓰고 우리말로는 '수인數人'이라고 써온 것의 구별이 거의 없어진 것이다.

 '사람의 수'를 한자로 쓸 때도 '인수人數'와 '명수名數'라는 말이 우리말과 일본어에서 다같이 쓰인다. 그러나 중국어로는 '人數'는 써도 '名數'는 쓰지 않는다.

Note 우리말은 어떤 때는 중국어와 일치하고, 어떤 때는 일본어와 일치하는 양상을 보인다.

넷째

특별한 주의를 요하는 낱말

아직도 쓰고 있는 구시대의 한자 훈독

옛날부터 한문의 초보인 천자문千字文을 배우면서 그 첫 마디인 '천지天地'를 읽을 때, 가르치는 훈장訓長이나 따라 읽는 서동書童이나 다 '하늘 천, 따 지'라고 읽어 왔다. 그런데 여기서 '지地' 자를 아직도 '따 지'로 읽는 것은 몇 백 년을 거슬러 올라가는 구시대의 읽기인 것이다. 즉 '땅'을 '따'라고 말하던 시대의 읽기인 것이다. 그런 것을 아직도 '땅 지' 자라 하지 않고 '따 지' 자로 읽으니, 시대 역행도 이만 저만이 아닌 것이다.

이러한 현상의 또 하나는 '놈 자者'의 경우이다. 중세기까지의 우리말에서는 '者' 자는 훈독訓讀으로 '놈 자'라고 하였는데, 당시로서는 '놈'이란 말이 오늘날처럼 상스러운 말이 아니라 단순히 '사람'을 가리키는 말이었다. 그 한 가지 증거로는 세종대왕이 훈민정음(한글)을 창제할 때 그 서문에서 백성들을 가리켜 "뜻을 펴지 못 할 놈이 하니라"고 하신 것이다. 여기서 '놈'이란 말은 결코

오늘날처럼 하대하는 말이 아니라 그저 '사람'이란 말이었다. 그러므로 오늘날 이 '놈 자者'를 훈독하는 데도 마땅히 '사람 자'라고 해야 한다. 그것은 '과학자科學者'란 말이 '과학하는 놈'이 아니라 '과학하는 사람'을 나타내는 말인 것을 보아서도 알 수 있다.

Note 오늘날의 말로는 '따'는 '땅'이요, '놈'은 '사람'이므로 구시대의 '하늘 천, 따지'는 더 이상 쓰지 말아야 한다.

48
암 진단과 '사형선고'

많은 사람이 병원에서 암 진단으로 시한부 생명이 된 것을 말할 때 비유적으로 "사형선고를 받았다"고 말을 한다. 그러나 엄밀히 말해서 이 말은 옳지 않다. 사형선고란 큰 죄를 지은 사람에게 형벌로 내리는 것을 말하는데, 암 진단을 받고 시한부 생명으로 된 것을 그런 형벌과 같은 말을 쓰는 것은 전혀 합당하지 않다. 이런 경우에 바른 말은 '죽음의 선고'이다.

성경에서도 사도 바울이 죽음에 이를 만큼의 심한 고생을 했다는 표현을 "사형선고를 받은 줄 …"(고린도후서 1장 9절)이라고 하고 있는데 그것도 잘못된 것이다. 영어성경으로는 '사형선고'라는 death penalty나 capital punishment를 쓰지 아니하고, '죽음의 선고'로서 death sentence를 쓰고 있다.

Note 암 진단은 비유적으로도 결코 '사형선고' 아니고 '죽음의 선고'이며, 일찍이 발견되면 치유도 가능하다.

특별한 한자에 대한 특이한 읽기

　　한자어 중에는 혹은 원어의 읽기를 따라서, 혹은 발음상의 편의에 의해 일반적인 읽기와는 달리하는 경우가 있다. 예를 들면 불교에서 '나무아미타불南無阿彌陀佛' 중의 '나무南無'는 "귀의하다"라는 말을 음역한 것이고, 그 외 발음상의 편의를 따라, '六月'을 '육월' 아닌 '유월'로, '十月'을 '십월' 아닌 '시월'로, '初八日'을 '초팔일' 아닌 '초파일'로, '十方'을 '십방'이 아닌 '시방'으로, '沙婆'를 '사파' 아닌 '사바'로, '智異山'을 '지이산' 아닌 '지리산'으로, '菩提樹'를 '보제수' 아닌 '보리수' 등으로 읽는 경우이다.

N o t e　위의 여러 말은 상식 이상의 것도 있고 상식적인 것도 있으나, 모르면 상식 이하가 된다.

'문둥이' '나환자' '한센인'의 다른 어감

피부병 중 가장 흉악하여 '천형병天刑病(하늘이 형벌로 내린 병)'이란 별명까지 가진 이 병을 가진 사람들을 가리키는 말로 아주 오래 전에는 '문둥이'로, 그 다음 얼마 전까지는 '나병환자'로 불러왔으나, 최근에는 '한센인'이란 새로운 말이 쓰이고 있는 것은 참으로 잘된 일이라고 생각된다.

필자는 앞서 언어문제를 다루면서, 될 수 있는 대로 같은 뜻의 말이라면 한자어나 외국어 또는 외래어보다는 우리의 고유어(순우리말)를 쓰는 것이 좋다고 했으나, 이 경우만은 예외적으로 역순의 원리를 적용하고자 한다. 즉 '문둥이'보다는 '나병환자'를, '나병환자'보다는 '한센인'이란 말을 쓰는 것이 낫다고 보는 것이다. 왜냐하면 이 특별한 경우에는 그 세 가지 말이 우리 모두에게, 특별히 당사자들에게 주는 어감이 크게 차이가 있기 때문이다.

필자가 대한성서공회에서 개역 개정판의 일을 할 때(1983~98년)

만 하더라도 개역성경(1938년 발행)의 '문둥이'를 '나병환자'로 바꾸는 것으로써 족하게 생각하였는데, 그 후 '한센씨병' '한센병자'라는 말이 더 널리 쓰이게 되어, 필자로서는 개정판 제5판을 낼 때는 '한센병'이나 '한센인'으로 바꿀 것을 대한성서공회에 제안하고 싶다.

N o t e 아직까지도 '문둥이'라는 말을 쓰는 사람들이 있으니 참으로 한심한 일이다.

순 우리말과 한자 취음取音

 우리나라가 세계에 유례가 없는 훌륭한 한글을 만들어 놓았음에도 불구하고 그 후로 오랫동안 그 글자를 언문諺文(속된 글)으로 천대하고 한문자를 숭상한 것은 참으로 불행한 일이었다. 이러한 현상은 우리말의 한자 취음取音이 한 뚜렷한 증거가 된다.

 취음이란 순 우리말을 같은 발음과 유사한 의미를 가진 한자를 취하여 한자를 숭배하고 애호하는 사람들이 우리말로 잘못 알고 쓴 것을 가리킨다. 예를 들면 '생각'을 '生覺'으로, '수고'를 '受苦'로, '우레'를 '雨雷'로, '차꼬'를 '着錮'로 쓰는 것 등이다. 그러나 위의 네 낱말은 결코 한자로 쓸 수 있는 한자어가 아니라 순 우리말인 것이다. 이러한 예는 위에 든 말 외에도 '간직看直', '억지臆志', '기운氣運', '곡식穀食', '노염老焰' 등 많다. 존칭접미사 '님'을 '任'으로 쓰는 경우도 볼 수 있다. 이러한 말은 국어사전에도 병기竝記로 한자가 올려 있지 않으며, 어떤 사전에는 취음(약자 : 취)이라

고 나타내고 있다. (이 점에 대한 더 자세한 것은 나채운 지음, 『우리말 성경연구』, 395~404쪽 참조.)

Note 순 우리말을 안 쓰고 한자 취음을 하는 것은 '악화로 양화를 구축'하는 것이다.

아들 딸에 대한
아버지 어머니의 별난 애칭

'놈'과 '년'은 다 같이 흔히 연장자가 연소자를 나무랄 때 하대下待하여 쓰는 말이다. 그런데 이 둘 중에서 '놈'과 '년'은 그 정도에 차이가 있다. 그 한 가지 예를 들어본다.

아버지는 딸에게 '년'이라 말하지 않고 '놈'이라 말한다. 여성인 딸을 대하여 남성에게 쓰는 '놈'이라고 하는 이유는, '년'이 모욕감과 수치감을 주기 때문에 그것을 피하고 애칭愛稱으로 '놈'을 쓰는 것이고, 어머니가 딸에게 '년'이라고 말하는 것은 같은 여성이기 때문에 결코 모욕이나 수치감을 주는 것이 아니고 애칭이 되기 때문이다.

N o t e 딸에게 쓰는 아버지 어머니의 '놈'과 '년'은 상말이 아니고 애칭(愛稱)이다.

논점.
'피서避暑'와 '피정避靜'의 다른 문법 구조

대개의 경우가 그러하지만, 동사가 먼저 쓰이고 다음으로 명사가 이어질 때는 그 명사는 앞의 동사(타동사)의 목적격이 되는 법이다. 예컨대, '독서'는 책을 읽는다는 뜻이고, '등산'은 산을 오른다는 뜻이 되고, '피서'는 더위를 피한다는 뜻이 된다. 그런데 이러한 일반적인 원칙에 대하여 예외도 있다. 그 중의 하나가 '피정'이라는 말로서, 이는 조용한 곳을 피한다는 뜻이 아니라 도리어 조용한 곳을 찾아간다는 뜻이다. 예를 들면, 흔히 가톨릭교회 성도들이 소란한 세상을 피하여 조용한 수도원 같은 곳에 가서 기도나 명상을 하도록 세운 집을 일컬어 '피정의 집'이라 한다. 경북 왜관에 이러한 피정의 집이 있어 종종 사제司祭들이 모임을 갖는다. 이러한 집을 '피정의 집'이라 할 때, 그 말의 언어적인 분석은 '피한다'는 타동사에 붙은 '정靜'은 목적격이 아니라 장소를 나타내는 처격處格으로서, '조용한 곳으로'라는 뜻이다.

Note 인산인해를 이루는 피서지와 피정의 집은 정반대로 대조를 이루는 두 곳이다.

'님'과 '임'의 차이와 바른 읽기

　많은 사람들이 우리말에서 '님'과 '임'을 바로 쓰지 못 하고 있다. 첫째, '…님'이란 말은 접미사로서 두 가지 경우로 쓰이는데, 그 하나는 사람을 일컫는 말에 붙여 높임의 뜻을 나타내고, 다른 하나는 어떤 대상을 인격화하여 높이거나 다정스럽게 일컬을 때 쓰는 것이다. 전자의 예로는 '선생' '회장' 등의 말에 존칭접미사 '…님'을 붙여 '선생님' '회장님' 등으로 나타내는 경우이고, 후자의 예는 '해'와 '달'이란 보통명사에 '…님'이란 접미사를 붙여 '해님'이나 '달님'으로 부르는 경우이다.

　둘째, '임'이란 말은 존경과 사랑의 대상을 일컫는 명사로서 그 어원은 '님'이었다. 그 대상이 되는 사람은 아내와 남편도 될 수가 있고, 임금이 될 수도 있고, 나라도 될 수가 있다. 예를 들면 정몽주의 충절가(시조)는 그 종장 "님 향한 일편단심이야 가실 줄이 있으랴"에서 '님'은 자신이 섬기는 나라 고려를 가리키는 것이다. 또

한 조선왕조 광해군 때 이항복은 귀양을 가면서도 읊은 시조의 종장에서 "님 계신 구중궁궐에 …"라고 했는데, 여기서 '님'이란 임금을 가리키는 것이다.

위에서 보는 바와 같이 존경과 사랑의 대상을 지칭할 때 오늘날의 바른 말은 '님'이 아니고 '임'이다. 그러나 실제로 많은 사람들이 쓰는 것은 '임'이 아니고 '님'이다. 그 대표적인 예가 만해 한용운의 시 '님의 침묵'이다. 한용운이 '님'이라고 쓴 것은 정몽주나 이항복의 나라사랑에 대한 공감을 깊이 나타낸 것이 아닌가 생각된다. 6.25 전쟁 때 많이 불렀던 대중가요 중 '아내의 노래'에서 그 첫 구절도 "님께서 가신 길은 영광의 길이옵기에"라고 한 것도 그러한 시류時流에 따른 것으로 본다.

Note '임' 대신에 '…님'이 더 많이 쓰이게 되는 것은 존칭첩미사 '…님'이 더 흔하게 쓰이는 영향을 받는 것과, 한편으로는 '님'의 발음이 '임'의 발음보다 더 분명한 때문이 아닐까?

'생사生死'와 '사생死生'

이 두 낱말은 한문자로는 전후 순서가 바뀐 것뿐, 같은 두 글자로 된 말로서, 한자가 표의문자라는 점에서 본다면 그 쓰임이 같을 수도 있으나, 실제로, 주로 합성어로 쓰일 때는 그렇지 않고, 이 두 글자에 이어지는 낱말에 따라서 같은 뜻의 말이 되는 경우와 그렇지 않은 경우로 나뉜다.

이제 '생사'로 된 합성어와, '사생'으로 된 합성어의 사례를 들어보면 '생사'와 '사생'이 같은 말로 쓰인 경우는 '…관두', '…존망', '…존몰' 세 낱말이며, '생사…'로만 쓰이는 낱말은 '생사불명', '생사입관' 두 낱말이며, '사생…'으로만 쓰이는 낱말은 '사생관', '사생동고', '사생유명' 등 세 낱말이다. 이제 '생사'와 '사생'으로 된 합성어의 예를 들어본다.

'생사'의 순서로 된 합성어

생사불명(生死不明) : 살아있는지 죽었는지가 밝혀지지 않음
생사관두(生死關頭) : 살고 죽는 것이 달린 위태한 고비 = 사생관두
생사유전(生死流轉) : 불교에서, 중생이 불교의 근본 뜻에 통달하지 못 하
 여 생사의 미계(迷界)를 끊임없이 유전하는 일 = 유전윤회(流轉輪回)

생사골육(生死肉骨) : '죽을 사람을 살려서 살찌게 하다'란 뜻으로 '큰 은혜를 입음'을 비유하는 말 = 생사골육
생사입판(生死立判) : 살고 죽음이 당장에 판명됨.
생사존망(生死存亡) : 살아 있음과 죽어 없어짐 = 사생존망, 사생존몰, 사생출몰
생사지경(生死之境) : 죽을 지경 = 사경(死境)

'사생'의 순서로 된 합성어
사생관(死生觀) : 죽음과 삶에 대한 관점
사생결단(死生決斷) : 죽고 삶을 돌아보지 아니하고 끝장을 내려 함.
사생동고(死生同苦) : 죽고 삶을 함께 함. = 死生契闊
사생관두(死生關頭) : = 生死關頭
사생유명(死生有命) : 죽고 삶이 오로지 타고난 운명에 달려 있음.
사생존망(死生存亡) : = 생사존망
사생존몰(死生存沒) : = 생사존몰

N o t e 같은 글자로 구성된 한자어라도 '死生觀' '死生決斷'으로는 쓰이나 '生死觀' '生死決斷'으로는 쓰이지 않으니 묘한 차이다.

접두사로 쓰는 숫자 바로쓰기

우리말에서는 수사를 접두사로 쓸 때, 그 수에 따라서, 또 그 연계하는 말에 따라서 철자를 달리하는 경우가 있다. 그 숫자는 하나, 둘, 셋, 넷, 여섯, 여덟, 열 등이 있으나 그 중 대표적인 것은 '셋'과 '넷'이다. 예를 들어

1) '셋'의 경우는 '세…', '서…', '석…'으로 달리 적는다. 가장 일반적으로 쓰이는 글자는 '세'이다. 세 사람, 세 나라, 세 대, 세 마리, 세 방, 세 아기, 세 자리 등이다. '서…'로 쓰이는 경우로는 서돈, 서되, 서발, 서푼 등이며, '석…'으로 쓰이는 경우로는 '석섬', '석달', '석냥', '석자', '석되' 등이다.

2) '넷'의 경우는 '셋'의 경우와 같이 '네'가 가장 일반적이고, 그 다음으로는 '셋'의 경우와 같이 '너발', '넉달' '넉섬' '넉장' 등으로 쓰인다.

3) 한 가지 특수한 것은 '하나'인 경우로서, '하나'의 연체형은 '한'이 되고, 그 서수형(序數形)은 '첫'이 되는 것이다. 예를 들면, '첫째' '첫 번' '첫사랑' 등이다.

Note 이러한 예외적인 문법이 많기 때문에 외국인들에게는 한국어가 상당히 어려운 말이다.

논란
'결혼'과 '혼인'의 어원

사랑하는 남녀가 의식을 통하여 부부가 되는 일을 우리말로 '결혼結婚'이라고도 하고, '혼인婚姻'이라고도 하는데, 많은 사람이 '혼인'은 바른 말이나, '결혼'은 일본말에서 온 것이므로 써서는 안 될(잘못된) 말이라고 한다. 그러나 그것은 옳지 않은 것이다. 문헌상으로 보면 이 말은 중국의 고전古典 『한서漢書』에도 나오고, 우리나라의 『삼국유사三國遺事』에도 나온 말이므로 이 말이 일제시대에 일본인들이 선호함으로 우리나라 사람들이 '혼인'보다 많이 쓰기는 했지만, 그 말이 우리말이 아니므로 써서는 안 된다는 말은 전혀 설득력이 없는 말이다.

이제 『삼국유사』에서 예증例證을 들어보면, 동명왕東明王 탄생설화에서 해모수解慕漱가 하백河伯(물을 주관하는 신)에게 "나는 천제天帝의 아들인바 하백과 결혼하고자 하노라我天帝之子 今欲與河伯結婚"이라 기록하고 있는 것이다.

한편 '혼인'이란 말의 어원은 중국의 고전 『백호통白虎通』에, "'혼婚'이란 저녁에 예를 행하므로 '혼'이라 하고, '인姻'이란 부인이 지아비에 의지하므로 '인'이라 한다"라고 기록한 것을 볼 수 있다. 저녁 때昏에 예식을 행하였고, 여자는 남편에게 목구멍(=먹음)을 의지했기 때문에 '혼인婚姻'이라 했다 한다. 그러나 '혼인'이란 말에는 그 이상의 뜻도 있는데, 그것은 첫째 사위의 아버지를 '혼婚'이라 하고, 며느리의 아버지를 '인姻'이라 했으며, 둘째는 사위 쪽에서 며느리네 집을 '혼'이라 하고, 며느리 쪽에서 사위네 집을 '인姻'이라 했다는 것이다. 그러나 해모수가 하백과 결혼하고자 한다는 것은 옛날의 이러한 사돈관계를 맺고 싶다는 말로 보는 것이다.

혼인이란 이와 같이 남자와 여자가 한 가정을 이루는 예식이지만 그 결과로는 두 가정(시가와 처가)의 가족들이 사돈의 관계를 맺게 되어, 가족혼家族婚의 의미를 가지는 것이다. 그래서 우리말로 '내

남편'이란 말보다는 '우리 남편'이란 말이, 또 '내 마누라'보다는 '우리 마누라'라는 말이 더 통용되는 것이다. '우리 남편'이나 '우리 마누라'를 영어로 번역한다면 물론 'our husband'나 'our wife'가 아니고 'my husband'와 'my wife'가 되어야 하는 것은 말할 나위가 없다.

N o t e '우리 남편' '우리 마누라'란 말이 낱말의 뜻으로는 괴상하지만 어원적으로 보면 우리 민족의 공동체성이 담긴 좋은 말이다.

다섯째

문법에 어긋나는 말하기와 쓰기

전혀 문법에 맞지 않은
복합적 표현의 말

　　　　　일부 지방에서 언어에 대한 감각이 없는 사람들 사이에 통용은 되고 있어도 전혀 비문법적인 말로 다음과 같은 것이 있다.
　"큰 일 날 뻔했다"라고 할 것을 "큰 일 날 뻔 당했다"로, "둘밖에 없다"라고 할 것을 "둘밖에 뿐이다"로, "하나밖에 없다"나 "하나뿐이다"라고 할 것을 "하나뿐이 없다" 등으로 말하는 것이다.

Note 표준어를 쓰고, 어법에 어긋나지 않은 말을 쓰는 것은 교양인의 기본요건이다.

우리말의 띄어 읽기

쓰기에 띄어쓰기가 있는 것과 같이 읽기에도 띄어 읽기가 있는데 그것은 사람들이 거의 모르고 있다. 그 사례 몇을 들면 다음과 같다. '골다공증骨多孔症(뼈에 구멍이 많이 난 병 증세)'은 보통 '골다—공증'으로 띄어 읽는데 그것은 잘못된 것이고, 바른 읽기는 '골—다공증'인데, 그렇게 바로 읽는 사람은 거의 없다.

신라시대에 고승高僧 혜초慧超가 인도의 다섯 나라五國와 그 인근의 여러 나라를 10년간 순례하고 그 행적을 기록한 여행기(727) 『왕오천축국전往五天竺國傳』을 말할 때 거의 모든 사람이 '왕오—천축국전'이라고 띄어 읽는데 그것은 옳지 않다. 이 말에서 바른 읽기는 '왕—오천축국전'이다. 즉 오천축국('천축국'은 인도를 가리킨 옛말)에 가서 쓴 전기라는 뜻인데 '왕오—천축국전'으로 띄어 읽어서는 안 되는 것이다.

Note 띄어 읽기를 바로 하려면 그 말의 뜻을 분명히 알지 않으면 안 된다.

60
장음長音을 단음短音으로 읽는 것

우리말의 낱말이 긴 소리와 짧은 소리를 갖는 것은 중국어의 사성四聲(평성, 상성, 거성, 입성)이나 영어의 억양抑揚, intonation, 강약accent처럼 많지는 않지만 전혀 없지는 않다. 우리는 그것을 알아야 우리말을 바로 할 수 있다.

신문사의 주장을 밝히는 '社說(사 : 설)'은 거의 십 중 팔구의 사람들이 단음으로 '사설'이라 말하는데, 바른 읽기는 장음으로 '사—설'이라 해야 한다(국어사전에서 장음의 표시는 : 이다). '사'를 짧게 발음하면 '私設'이나 '邪說'이 된다.

'오가피五加皮'나 '오미자五味子'의 '오'도 길게 발음해야 하는데, 거의 모든 사람이 짧게 잘못 읽는다.

'교제交際'의 '교交'는 짧은 소리이지만 '교재敎材'의 '교敎'는 긴 소리이며, '개혁' '개정' '개선' 등의 '개改' 자는 길게 읽어야 하는데 노무현 전 대통령부터 언제나 짧게 잘못 읽는다.

Note 모든 국민에게 바른 말을 쓰는 것은 기본요건이지만, 특별히 말을 많이 하는 지도급 인사들이 상식 이하의 말을 하는 것은 위신의 문제이다.

61
단음을 장음으로 읽는 것

우리 말 중 '눈'은 1) 인간의 감각기관의 하나인 눈目, 2) 하늘에서 내리는 눈雪, 3) 초목의 싹이 막 터져 돋아나오는 자리 芽, 4) 저울의 눈금錘 등 여러 가지 뜻으로 쓰이거니와, 둘째의 '눈'만이 긴 소리이고 다른 말은 다 짧은 소리인데, 이것을 구별해서 말하지 않으면 안 된다. 국어사전에서는 그 표시를 '눈 : '으로 달리 나타내고 있다. '묻다'라고 쓰는 말에도 질문의 뜻으로 쓰는 '묻다問'는 긴 소리이나, 매장埋藏한다는 뜻으로의 '묻다'는 짧은 소리다.

짐승의 하나인 '사자獅子'의 '사'는 짧게 말해야 하는데, KBS의 '재미있는 동물의 세계' 해설자는 언제나 '사―자'라고 길게 말한다. 오래 전에 필자가 한 번 그 잘못을 지적했는데도 고치지 않고 있다. '사자'를 길게 말하면 '死者(죽은 사람)'와 '使者(어떤 일을 위해 보냄을 받은 자, 심부름꾼)'가 된다.

Note 한 나라의 국민으로서 가장 기본 되는 지식은 국어에 관한 것이다.

다섯째 문법에 어긋나는 말하기와 쓰기

우리말의 강세음 強勢音 : 액센트

우리말에는 영어에서처럼 액센트나 억양이 뚜렷하지는 않지만 전연 없는 것은 아니다. 그 몇 가지 예를 들면, '새끼'라고 쓰는 말도 발음의 강세(액센트)에 따라 두 가지 다른 뜻의 말이 된다. 즉 '새끼'의 '새'에 강세를 주어 발음하면 어린 짐승을 나타내는 말이 되나, 그렇지 않은 경우에는 짚으로 꼰 줄(예 : 새끼줄)을 나타낸다.

'우리'라고 쓰는 말도 '우'자에 강세를 더하면 짐승을 가두어 기르는 곳(예 : 돼지우리)을 뜻하지만, 강세가 없는 경우에는 제1인칭 복수(예 : '우리나라'의 '우리')를 나타내는 말이 된다.

성경 어휘 중의 '유월절 逾越節(영어 : The Passover)'이란 말은 유대인들이 지키는 절기로서 '유월'의 뜻은 '뛰어넘는다'는 것인데, 이것을 읽거나 말할 때 '유'자의 발음에 강세를 나타내어 하는 사람

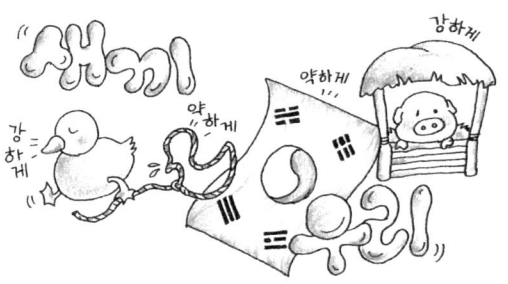

은 거의 없다. 이 경우는 '추월追越'의 '추'에 강세를 넣어 말하는 것과 같이 강세를 넣어야 하는 것이다.

N o t e 우리말에서 강세는 영어만큼 중요하지는 않아도 등한시해서는 안 된다.

우리말에서의 말하기와 다른 띄어쓰기

글을 쓰는데 띄어쓰기를 바로 해야 한다는 것은 누구나 아는 일이지만, 그 띄어쓰기가 실제로 하는 말과 일치하지 않은 것은 흔히 간과하기 쉽다. 그러나 실제로 그러한 사례는 더러 있다. 예를 들면 우리는 말을 할 때는 "…할뻔 하였다"라고 하면서 그것을 쓸 때는 "…할 뻔하였다"라고 쓴다.

"…할 수 밖에 없다"라고 말하면서 쓰기는 "…할 수밖에 없다"로 붙여쓴다.

이러한 띄어쓰기는 실제로 말하는 것과 문법이 일치하지 않으므로 문법을 공부하지 않은 사람에게는 어려운 것이다.

Note 언중(言衆)이 말하는 실제대로 띄어쓰기의 문법을 바꿀 수는 없을까?

'드셔 보세요'는 잘못된 말

음식물을 먹어보라고 할 때 존댓말로 한다는 생각으로 "드셔 보세요"라고들 하는데 그것은 잘못된 것이다. 바른 말은 "들어 보세요"이다. 우리 말법으로 존댓말을 쓰는데 주동사와 조동사를 함께 쓸 때는 뒤에 오는 조동사에만 존대형을 쓰면 되는데 "드셔 보세요"에는 주동사에도 존대법을 쓰고 있기 때문이다.

우리말에서 음식을 먹는 것을 '들다'라고도 말하는데, 그렇게 말할 때 '들다'라는 말이 물건을 '들어 올리다'란 말과 우연히 일치하여 그것과 달리 말하고자 하면서 '드셔 보세요'라고 말하게 된 것이다. 이 말이 잘못된 것은 "읽어 보세요"라고 하는 말을 "읽으셔 보세요"라고 하지 않고, "받아 보세요"라고 할 것을 "받으셔 보세요"라고 말하지 않는 것과도 같다.

Note 위와 같은 사례가 적지 않아서 국어학자들의 국어순화운동이 절실히 요청된다.

틀리기 쉬운, 어려운 말

발음상으로는 같으면서 철자로나 뜻으로는 다른 말들이 있다. 이런 말들은 맞춤법을 잘 모르는 사람은 틀리게 쓰는 경우가 많다. 다음에 그러한 예를 몇 들어본다(앞의 것이 바름).

이따가-있다가, 깍듯이-깎듯이, 주근깨-죽은 깨, 머지않아-멀지 않아, 겨우내-겨울내, 늘그막-늙으막, 기다랗다-길다랗다, 짤막한-짧막한, 아시다시피-아시다싶이, 바깥-밖앝, 한갓-한갖

Note 초등학교 학생들에게 더 필요한 것은 영어교육이 아니라 우리말 바로쓰기이다

66
이중 피동의 잘못

'되었다'라고 할 때 흔히 '되어졌다'라고 쓰는 경우가 많다. 이것은 피동을 이중으로 나타내는 것이므로 옳지 않다. 그것과 유사한 예로서 흔히 '피선되었다'라는 말도 이중 피동으로서 옳지 않으며, '피선하였다' 또는 '당선되었다'라고 해야 한다.

Note 그러나 피동의 의미를 아주 강조하기 위한 방법으로 '되어졌다' 식의 어법을 쓰는 것은 가능하다고 본다.

'명사+하다' 구문의 예외

우리말에서는 많은 경우에, 명사에 동사어미 '…하다'를 붙여서 동사로 쓰고 있다. 그러나 한편 '…하다' 동사가 될 수 없는 말을 '…하다' 동사로 잘못 알고 쓰는 경우가 없지 않다. 예를 들면 『개역성경』(1938) 요한복음 8:32에는 "진리가 너희를 자유케(하게) 하리라"는 말이 있고, 갈라디아 4:22에는 "자유하게 하는 여자"라는 말이 있는데 이는 잘못된 것으로서 1998년의 개정판에서 바로 고쳐졌다.

그렇다고 '명사+하다'의 구성이 어떤 경우에도 안 되는 것은 아니다. 예를 들면 '위치'라는 명사에 '…하다'란 동사어미를 붙여서 '위치하다('…에 있다'란 뜻)'라 하고, '이름'이라는 명사에 '…하다'란 동사어미를 붙여서 '이름하다(일어: なづける, '부르다'란 뜻)'라고 하는 따위는 잘못된 것이 아니다.

이와 같은 것은 영어에도 있는 현상으로서, 'name'이라면 대

개 명사로만 알고 있으나 '명명命名하다' '지칭하다'라는 뜻도 되는 것이다.

Note 이러한 현상을 보면 8개(또는 10개) 품사 중에서 2대 품사는 명사와 동사이며, 그 중에서 첫째는 명사가 아닌가 싶다.

필요 없는 토씨와 겹말 붙이기

언어의 사용에도 경제 원리가 요청된다. 즉 필요한 말은 빼어서도 안 되지만 필요 없는 말은 겹으로 쓰지 말아야 한다. 몇 가지 예를 들면 다음과 같다.

가끔씩 : '가끔씩'이란 말을 흔히 쓰는데, 이 말에서는 '가끔'이라는 부사에 '…씩'이란 필요 없는 토씨가 붙어 잘못된 것이다.

결실을 맺는다 : '결실結實'이 열매實를 맺는다結는 뜻이므로, '맺는다'는 말을 겹으로 붙일 필요가 없이 '결실한다'로만 쓰면 되는 것이다.

낙엽이 떨어진다 : '낙엽落葉'이란 말에 '떨어진다落'는 뜻이 있어 '떨어진다'는 겹이 되므로, '낙엽이 진다'라고 하면 된다.

역전 앞 : '역전驛前'의 '前'과 '앞'이란 말은 뜻이 겹치므로 '앞'이란 말은 불필요한 것이다. 흔히 이 말과 '초가집'의 경우를 같이 보아, '초가집'도 안 된다고 하나, 이 두 가지 경우는 똑같지 않다.

왜냐하면 그 두 가지 말의 앞부분인 '역전'과 '초가'는 그 낱말의 구성을 달리하기 때문이다. 즉 '역전'에서는 '역'과 '전'이 각각의 뜻을 가지고 있지만, '초가'의 경우에는 '초'라는 글자에 독립적인 뜻을 가지고 있지 않기 때문이다. 그 한 가지 예로 '역앞(역+앞)'이란 말은 가능하지만, '초집(초+집)'이란 말은 성립하지 않는 것이다. 사전에는 일일이 이러한 세밀한 구별을 하여 설명하지 않고, 단지 '초가'란 낱말만 올려놓고 있지만 언중들의 일상용어로는 구별될 수 있는 것이다.

Note 절대다수의 언중이 써도 문법에 어긋난 것은 잘못된 것이지만 그것을 바로잡는 것은 극히 어려운 일이다.

여섯째

역사에 따라 생멸하는 우리말

실용성이 없는 외국어의 한글 표기

　　영어의 남용은 지나쳐서 영어를 한글로만 표기하여 실제로 대다수의 한국인에게도 외국인에게도 거의 실용성을 갖지 못 하는 경우도 있다. 예를 들면, 서울시내 관광버스에 쓴 '서울시 티투어'라는 안내문구는, 그 말이 영어여서 한글을 아는 한국인도 '시티투어 city tour'라는 영어를 모르면 그 표기를 알 수가 없고, 외국인에게는 그 말은 알고 있지만 한글을 모르면 그 뜻을 알 수가 없는 것이다.

　이러한 예는 '페스티벌 festival', '포토 photo', '펀드 fund', '피날레 finale', '노블레스 오브리즈 noblesse oblige(프랑스어)', '앙상블 ensemble(프랑스어)' 등 많다. 이러한 말은 그 정도의 외국어를 아는 사람을 제외하고는 대다수의 한국인이 알 수 없는 어려운 외국어이다.

Note　외국어를 쓰려면 대다수의 한국인이 알 수 있는 정도 내에서 써야 한다.

사라져간 우리말

우리나라는 1446년에 세종대왕이 세계에서 가장 우수한 한글(당시 훈민정음)을 만들어 놓았으나, 한문자를 숭상하는 정신 때문에 오랫동안 '언문諺文'이라 천시를 당하면서 사용되지 못하고, 오히려 한자어로 우리말을 대신하게 되어 마침내는 순 우리말도 잃어버리게 되었다. 예를 들면 숫자를 말할 때 '하나'에서 '아흔 아홉'까지는 순 우리말을 썼지만 '백' '천' 등의 우리말은 잃어버린 지가 오래서 지금은 그 말을 아는 사람조차 거의 없다. 옛날에 썼던 순 우리말로 하면 '백百'은 '온'이고 '천千'은 '즈믄'이고, '만萬'은 '골'이고, '억億'은 '잘'이고, '조兆'는 '울'이었다.

그 외에도 '가람(강)', '하다(많다, 크다)', '열음(열매)', '미르(용)' 등의 순 우리말은 전혀 쓰이지 않고, 고어사전에만 남아 있다.

Note 사라져간 우리말은 한자어의 숭상 우세와 우리말 천시 때문이었다.

21
사라져갈 우리말

최근에 우리말에는 영어가 지나치게 사용되어 많은 순 우리말이 머지않아 사라져갈 운명에 놓여 있다. 몇 가지 예를 들어보면,

더 쓰이는 외래어–안 쓰이는 우리말
오픈(open) : 개점, 개업, 개원, 개관
1F, 2F(Floor) 등 : 1층, 2층 등
컨설팅(consulting) : 상담, 소개업
인테리어(interior) : 내장업
겔러리(gallery) : 화랑
웨딩드레스(wedding dress) : 신부 예복
와이프(wife) : 아내

위에서 오른쪽의 우리말은 왼쪽의 외래어 때문에 수십 년 안에 사라질 운명에 놓여 있는 것이다. 누구라도 다 아는 우리말은 안 쓰고, 상당한 수준으로 영어를 아는 사람이 아니고는 모르는 영어를 쓰니, 장래 일은 고사하고 현재 영어를 모르는 사람들이 얼마나 불편할까를 생각하면 심히 답답하다.

'창업(년)' 또는 '이래以來' 대신 'since …'라고 쓰고, 심지어 접속사 '와'나 '과' 대신에 '&'를 쓰는 것은 참으로 지나친 것이 아닐 수 없다.

Note 사라져갈 우리말은 주로 영어의 강세 때문으로, "악화가 양화를 구축"하는 현상이다.

일곱째

지성인의 바른말 탐구

'남녀'도 '여남'도 아닌 '양성兩性' 쓰기

　　인간의 두 성 중에서 혈통이나 상속관계가 어머니를 중심으로 하여 이루어졌던 원시 모계母系중심사회 이후 오랫동안 지속되어 오던 남성 중심의 부계父系사회가 계속되어 왔지만, 현대에 이르러서는 여권이 신장되어 남녀동권시대가 되고 심지어 '여남 동권'이란 말까지 쓰이게 된 것이 사실이다.

　이러한 상황에서 오늘날 인간의 두 성을 말할 때 어떻게 말을 해야 하느냐 하는 문제가 생긴다. '남녀'라고 하면 남성의 우위를 뜻하게 되고, '여남'이라 하면 여성의 우위를 뜻하게 되니, 그 어느 쪽도 해당되지 않게 하는 말로는 '양성兩性'이란 말을 쓰는 것이 바람직한 일이다.

Note　양성의 관계는 신체적으로는 구별되어도 인격이란 면에서는 평등한 것이다.

'…적(的)'과 '…상(上)'의 구별

　　이 두 한자는 한자말 명사에 접미사(接尾辭)처럼 붙어 흔하게 쓰이는데 그 둘을 정확하게 구별하여 쓰는 일은 쉽지 않다. 그 각각을 정의하여 보면 '적'이란 말은 주로 한자말 뿌리에 붙어 그 성격을 띠거나, 그런 상태로 되거나, 그에 관계되거나 하는 뜻을 나타내는 구실을 하는 것으로서, 예를 들면 '~적'을 쓰는 경우는

　그 소설은 문학적으로 훌륭하다
　그 작품은 예술적인 가치가 있는 것이다
　국내적인 문제와 국제적인 문제
　적극적인 사람과 소극적인 사람
　… 따위로 쓰이는 것이다.

그것과는 달리 '…상'의 경우를 보면, 이것도 주로 한자말 명사와 결합하여 '…에서', '…의 관계로' 따위의 뜻으로 쓰이는 접미사로서, 예를 들면

> 예수의 부활은 역사상 유일의 사건이다
> 그것은 내용상의 문제가 아니고 절차상의 문제다
> 그는 자신의 체면상 그렇게 한 것이다
> … 따위로 쓰이는 것이다.

Note '…상(上)'과 '…적(的)'이 달리 쓰이는 구별을 분명히 할 줄 아는 사람은 스스로 지성인이라 자부해도 좋을 것이다.

부정을 나타내는 한자어의 접두사

한자어로 명사 동사 형용사 등 앞에 붙어 부정을 나타내는 접두사에 몇 가지가 있는바, 그 쓰는 방법이 같지 않음을 모르면 뜻을 그르치는 수가 있다. 그 몇 가지를 들어본다.

1) '不…(불, 부)' 자의 쓰임,
  이 글자는 우리말로는 두 가지로 발음이 되는바, 첫째는 '불'로서, 일부 한자로 시작하는 말('ㄷ', 'ㅈ'으로 시작하는 이외) 앞에 붙어 부정(否定)의 뜻을 나타내는데, 예를 들면 '불완전', '불충분', '불만족', '불명예' 등으로 쓰이며, 둘째는 '부' 발음으로 'ㄷ', 'ㅈ'으로 시작하는 어간(語幹) 앞에 붙어서 부정(아님)을 나타내는 접두사로 쓰이는바, 예를 들면 '부도덕한' '부정한' 등으로 쓰이는 경우이다.

2) '無(무)' 자의 쓰임
  이 글자는 주로 한자어 명사 앞에 붙어 무엇이 없음을 나타내는 접

두사로서, 예를 들면 '무소속(소속이 없음)', '무능(능력이 없음)', '무기력(기력이 없음)', '무식(지식이 없음)'과 같은 경우이다.

3) '非(비)' 자의 쓰임

이 글자는 한자어 명사나 형용사 어간에 붙어 '잘못, 아님, 그름' 따위의 뜻을 나타내는바, 예를 들면 '비인도적' '비인간적' '비정상적' 따위로 쓰인다.

4) '未(미)' 자의 쓰임

이 글자는 일부 명사 앞에 붙어 '아직 다 이루어지지 못 함'을 나타내는 글자로서, 예를 들면 '미개척', '미성년', '미숙' 따위로 쓰인다.

N o t e 어떤 사람에게 위의 네 가지 즉 불, 무, 비, 미 등에 해당되는 것이 많으면 그것은 바람직하지 않다.

일체와 일절―切의 구별

　　　　이 두 말은 한자로서 쓰기는 같으나 우리말로 읽을 때는 발음이 다름에 따라서 뜻을 달리하는데 그 구별이 쉽지 않다. 첫째, '一切일체'로 읽을 때는 명사로서 '모든 것' '온갖 사물every thing'의 뜻으로, 관형사로서는 '모든' '온갖'의 뜻을 가지며, 둘째, '一切일절'로 읽을 때는 부사로서 '아주' '도무지' '전적으로at all' 등의 뜻을 가진다.

　'일체'의 예를 들면, "이 문방구점에는 학생들이 공부하는 데 필요한 학용품 일체가 다 있다"와 같은 경우이고, '일절'의 예를 들면, "미성년자에게는 그 영화 관람이 일절 금지되어 있다"와 같은 경우이다. 두 말을 특징적으로 구별한다면, '일체'는 사물에 관한 말이고, '일절'은 정도에 관한 말이라고 볼 수 있다(나채운의 『우리말 성경연구』, 423쪽 참조). 이 구별은 아주 미묘하고 어렵기 때문에 국어학자 가운데는 구태여 구별하지 않는 사람도 있으나, 한글학회 편 『우리말 큰 사전』에서는 구별하고 있다.

Note　바람직한 삶은 좋은 일은 일체 다 하고, 좋지 않은 일은 일절 하지 않은 것이다.

26
洗面(일어)과 洗手(한국어)

낯을 씻는 행동을 말하는 경우에 일어로서는 '洗面세면' 이라 쓰는데, 우리말로는 '세수洗手'라고 쓰는 것이 다르다. '洗面'의 '面'은 안면顔面 즉 '낯'을 말하므로, 그 행동의 실제를 두고 말한다면 우리말의 '세수洗手'보다는 일어의 '洗面'이 더 합당하다고 볼 수 있다. 여기서 한 가지 부언할 것은 흔히 위의 두 경우에 다 "얼굴을 씻는다"고 말을 하는데, 그 말은 정확한 말이 못 된다. 왜냐하면 그것은 얼굴을 씻는 것이 아니고 낯(안면)을 씻는 것이기 때문이다. 얼굴과 낯은 같지 않으며, 낯을 씻어서 얼굴이 예쁘게 보이는 것이다.

N o t e '낯을 씻는다'의 실제에 문자적으로 맞는 말은 '세수'가 아니고 '세면'이다.

'옛날'의 오용

언제부터인가 많은 사람들이 '옛날'이란 말을 잘못 쓰고 있다. '옛날'이라 하면 필자가 어릴 적 어른들로부터 들은 기억으로는 수백 년 전 또는 수천 년 전의 오랜 과거(영어로는 'once upon a time')로 생각되는데, 요즘은 몇십 년 전을 가리켜 옛날이라고 하니 이는 잘못된 말이다. 우리나라가 일제로부터 해방되던 1945년이나, 북한의 남침으로 전쟁이 일어났던 1950년이 결코 '옛날'이 아닌데, 많은 사람들이 그때를 말할 때 '옛날'이라고 말한다. 사전상으로는 '옛날'을 "지난 지 아주 오래 된 때"라고 하였으니, 오늘날에는 일러도 1~2세기는 지난 그 이전을 가리켜 말해야 하지 않을까?

Note 이 잘못 쓰는 '옛날' 대신으로는 '오래 전에는' 또는 '과거에는'이란 말을 쓰면 되지 않을까 생각해 본다.

28
'바치다'와 '드리다'의 구별

한 사람이 다른 사람에게 정성으로 무엇을 줄 때에 그것을 '드린다' 또는 '바친다'라고 하는데, 그 둘의 차별은 무엇인가? 그 둘은 행위에 있어서 다른 것이 아니라 그 말이 가지는 의미나 관행이 다를 뿐이다. 즉 '바치다'는 무엇을 윗사람에게 의무적으로 주는 것을 말하고, '드리다'는 의무로가 아니고 자원해서 주는 것이다.

이 두 말에 대한 설명으로는 한 나라의 국민이 국가에 내는 세금과 기독교인이 교회에서 내는 헌금의 차이를 들어 할 수가 있다. 즉 의무적으로 내는 세금은 바치는 것이요, 자원해서 내는 헌금은 드리는 것이다. 기독교에서는 구약시대의 이스라엘 백성들이 하나님께 하는 십일조十一租는 의무적으로 바치는 것이요, 신약시대에 성도들이 교회에 내는 헌금은 자원해서 한도액이 없이 내는 데 차이가 있다. 전자는 '바치는' 것이요, 후자는 '드리는' 것이다.

한 가지 한국의 개신교와 가톨릭교회는 기도와 헌금에 관해서 이 두 가지 말을 달리 쓰는 것이 주목을 끈다. 즉 기도와 헌금에 대해서 가톨릭에서는 '바친다'는 말을 쓰는 데 대해 개신교에서는 '드린다'란 말을 쓰는 것이다.

일본어로는 기도도 헌금도 다 '바치다さきげる, 사사게루'라고 한다.

N o t e 의무적으로가 아니고 자원해서 드리는 점으로 본다면 기도와 헌금은 '바치는 것'이 아니라 '드리는 것'이 아닐까?

'귀 잡수셨다'란 말의 잘못

우리말에서 어른들의 청각 장애로 말을 잘 알아듣지 못하는 상태를 표현할 때, 흔히 '귀 잡수셨다'라고 하는 말은 잘못된 것이다. 이렇게 잘못 쓰이고 있는 까닭은 '귀 먹었다'라는 말의 '먹었다'에 그 존댓말인 '잡수셨다'를 대입시킨 결과인데, '귀 먹었다'란 말의 '먹었다'는 결코 '밥을 먹다'란 말의 '먹다食'와 같은 뜻이 아닌 것을 모르고 하는 말이다. '귀 먹다'의 경우의 '먹다'는 그 어근語根이 '막다塞'로서, '코 먹다'란 말이 코가 막히는 증세를 말하고 그러한 증세鼻塞를 가진 사람을 '귀머거리'와 같은 식으로 '코머거리'라고 한다.

존댓말을 쓰고자 하는 의도는 좋으나, 본의 아니게 문법 지식이 없어서 틀리는 말을 쓰는 경우이다.

Note '귀먹다'의 존댓말을 '귀잡수시다'로 생각하는 한국인의 심리에는 가난 중의 '먹는 것'에 대한 관심이 반영된 것이 아닐까?

'말씀이 계시겠습니다'의 잘못

　　흔히 무슨 행사나 모임에서 어떤 인사나 식사(式辭)를 담당한 사람이 말을 하기 전에 순서 진행을 맡은 사회자가 "이제 ○○○ 님의 말씀이 계시겠습니다"라고 하는 것을 듣는데 이는 잘못된 것이다. 이는 말하는 분을 높여서 존대를 한다는 생각에서 하는 말이지만, '계시다'는 언제나 '있다'라는 말의 존대형이 아니라, 어떤 인격적인 주체(사람)에 대해서만 쓰는 말이지 비인격적인 존재에 대해서는 쓸 수 없는 말이다. '말씀'과 같은 비인격적인 존재가 '있다'는 데 대한 존댓말은 그 말 자체 '있다'에 대한 존댓말로 "말씀이 있으시겠습니다"라고 하는 것이 옳다. 따라서 "선생님의 말씀이 계시겠습니다"라는 말이 안 되는 것은 마치 "그 방에 선생님의 책이 계십니다"라는 말이 안 되는 경우와 같다. 위의 경우에는 존대를 받는 대상이 선생님이 아니라 선생님의 말씀이나 책이 되므로 의미상 될 수 없는 것이다.

Note　어떤 경우에도 인격이 아닌 사물이 존대를 받는 일은 있을 수가 없다.

81
그 섬이 가고 싶어요

    TV 관광 광고문에서 "그 섬이 가고 싶어요"라는 글귀를 본 일이 있는데, 이는 문법적으로는 잘못된 말이다. 왜냐하면 이 글귀에서 '그 섬이…'는 (숨은) 주어에 관한 처격處格, locative이므로 '그 섬에…'가 되어야 하기 때문이다. 이 경우에 문법적으로 보면 '가고 싶은' 생각의 주체가 어떤 사람이 아니라 섬 그 자체가 되는 모순이 생긴다. 그러나 이러한 잘못된 말과 글은 실제 생활에서는 흔히 볼 수 있는 일이다.

N o t e   그러나 문법직으로 잘못된 말이 많이 쓰이면 쓰일수록 언어사회는 하급으로 떨어진다.

어중간한 한문 실력의 오류

우리말에는 고유어와 한자어 두 가지가 있거니와, 윤리 도덕을 위한 명언이나 교훈을 고사성어故事成語나 사자성어四字成語 등으로 말하는 경우가 많은데, 그 가운데는 한문을 잘못 쓰는 일이 없지 않다. 그 실례를 아래에 몇 들어본다.

1) 우리나라는 고래로 '동방예의지국'으로 일컬어졌는데, 그것은 '東方禮儀之國'이 아니고 '東方禮義之國'이었다. '禮儀'는 일반적인 인간관계에서의 예절을 말하는 데 대해, '禮義'는 예절과 충의(忠義)를 말하는 점에 차이가 있다. 충의는 임금에 대한 신하의 의리를 말하는 것이다.

2) 신하가 임금에 대해 지킬 절의(節義)를 말할 때, 많은 사람이 '충신은 불사이군(충신은 두 임금을 섬기지 않는다)'이라는 문구를 '忠臣

'不事二君'으로 쓰지 아니하고 '忠臣不仕二君'이라고 쓴다. 이 경우는 '不事'와 '不仕'가 똑 같은 발음에 뜻도 유사하기 때문이다.

3) '열녀불경이부(열녀는 두 남편으로 바꾸지 않는다)'를 쓸 때 많은 사람들이 '烈女不更二夫'로 쓰지 아니하고 '烈女不敬二夫'로 잘못 쓰는 것이다. 이것 역시 똑 같은 읽기에 뜻으로는 통할 수 있기 때문이다.

N o t e 온전하지 못 한 지식은 때로 중대한 오류를 범하는 일이 있다.

남편에 대한 호칭 '오빠' '아빠' '자기'

　　우리말에는 어떤 신분관계나 혈연관계가 있는 사람을 부를 때는 이름을 부르지 않고 그 관계호칭을 부르는 탓으로 어떤 경우에 참으로 거북하고 어색할 때가 있다. 젊은 남녀가 사랑하는 관계에서 흔히 쓰는 호칭은 여자가 남자에게 '오빠'라고 부르는데, 이러한 '오빠'와 친 동기간의 혈연적 '오빠'가 구별되지 않아서 많은 혼동을 일으킨다. 그러한 경우에 그 상대방 남자가 여자보다 나이가 아래인 경우에는 나이가 적은 오빠가 되니 더더구나 어색하다.

　거기다가 딸아이들은 어릴 때부터 친아버지를 '아빠'라 하고, 결혼하여 아이를 낳게 되면 자기 남편에게도 '아빠'라고 하니, '아빠'라고 부르는 상대가 둘이나 되어 참으로 분간하기가 어렵다. 결혼 전부터 '오빠'라고 부르던 남자와 결혼을 한 뒤에도 계속해서 '오빠'라고 부르니 한 집 가족 중에 혈연의 오빠와 혼동을 일

으키게 된다. 이는 특별히 가족관계를 중요시하는 한국인의 인정이 반영되는 현상이거니와 실제 사회생활에서는 불편한 점이 없지 않다. 그래서 그러한 불편한 관계를 해소하려고 남편에게는 흔히 '자기'라는 호칭을 쓰지만, 이는 국어학적으로는 성립될 수 없는 말이다. 왜냐하면 '자기'는 제3인칭대명사 '그'를 도로 부르는 재귀대명사이기 때문이다.

Note 요즘 윤락여성들이 남성들에게 휴대전화로 나이도 모르고 부르는 어처구니없는 '오빠'도 있어 웃기기도 한다.

왜 어려운 한자어를 쓰는가?

참으로 전통의 힘은 대단하다. 일제가 물러간 지 60년이 훨씬 넘었건만 아직도 일제의 잔재인 일본어가 수다하게 쓰이고 있는 것을 보거니와, 그보다도 더 한자어의 사용은 15세기 세종대왕의 한글 창제에도 불구하고 아직도 우리 생활의 중요한 글쓰기에서 자취를 감추지 못 하고 있다. 그리고 그러한 글쓰기마저도 그 글귀나 문자의 뜻도 모르고 쓰고 있으니 더구나 한심한 일이 아닐 수 없다. 그 예를 들어본다.

1) 흔히 신문에 난 부고문을 보면, 아버지가 세상을 떠났을 때 쓰는 양식은 "○○○(상주 이름) 다음에 '아버지'란 말 대신에 '대인(大人)'이라 쓰고, 다음에 그의 이름자를 쓰고, "公以老患 ○月 ○日 ○時 ○分 於自宅 別世 玆以告訃"라고 쓴다.
2) 제사를 지낼 때 제상 위에 써 붙이는 지방(紙榜)도 완전히 한문 투

성이다. 부모의 예를 들어보자. 아버지의 경우 "顯考學生府君神位"라 쓰는데, 이 한문의 뜻을 다 아는 사람이 얼마나 될까? 이를 풀이하면, '顯'은 '나타난다'란 뜻, '考'는 '세상 떠난 아버지'란 뜻, '學生'은 '특별한 벼슬을 하지 않은 사람'이란 뜻, '府君'은 '남자 어른'이란 뜻, '神位'는 '신령의 자리'란 뜻이다. 즉 세상 떠난 아버지께서 나타나시는 자리라는 뜻이다.

어머니의 경우는 "顯妣孺人金海金氏神位"와 같이 쓰는데, '妣'는 '세상 떠난 어머니'란 뜻이고, '孺人'은 '생전에 벼슬을 하지 못한 사람의 아내'란 뜻이다. 여기서 한 가지 유의할 것은 여자인 어머니에 대해서는 아버지의 경우에 쓰는 '府君'과 같은 존대를 하지 않는 것으로서, 이는 유교의 남존여비男尊女卑사상을 드러내는 것이다.

N o t e 한글시대인 오늘날에도 우리 가운데는 아직도 15세기 이전의 글귀를 써야 하는가?

: :
틀리는 말은 대중가요의 가사에서도

　　매주 월요일 밤에 텔레비전을 통해서 방영되는 가요무대에서 가수들이 부르는 대중가요는 국내뿐 아니라 국외에까지 널리 청중을 가진다는 점에서 가사도 말본에 정확하지 않으면 안 되는데, 그렇지 못한 경우를 본다. 그 예를 두어 가지만 들어보자.

1) 손로원 작사, 이재호 작곡의 '물방아 도는 내력'은 많은 사람들이 좋아하는 히트곡 중의 하나인데, 처음의 박재홍 가수가 노래를 불렀을 때는 바로 불렀는지 모르겠으나, 요즘의 가수가 가요무대에서 부르는 노래나, 가사집 책에 기록된 것을 보아도 그 1절 3행의 "낮이면 밭에 나가 길쌈을 매고"로 되어 있어 참으로 어처구니가 없다. '길쌈'이라고 잘못 쓴 이 말의 바른 쓰기는 '김'으로서, 논밭에 나는 잡초를 말하며, 이 말이 변하여 '기음'도 되고, 일부 지방에서는 '깃음'이라고도 한다. 논밭에 잡초가 많이 나는 것을 동사로는 '깃다'라

고 한다(일부 지방 방언으로는 '짓다'). 따라서 이 노래 가사에서 쓸 바른 말은 "… 깃음을 매고"라고 하면 될 것이다.

2) 강사랑 작사, 박시춘 작곡의 '굳세어라 금순아'란 노래는 6.25전쟁 때 많이 유행되던 노래로서 처음 가수 현인이 불렀을 때는 바로 부른 것으로 기억되는데, 요즘의 가수들은 그 가사 중 2절 2행에서 '장사치이다'라고 해야 할 것을 '장사치기다'로 잘못 부르고 있다. 우리말에서 '장사치기'라는 말은 없고, '장사치'는 '장사아치(장사하는 사람을 흘하게 일컫는 말)'의 준말이다.

N o t e 가요무대를 진행하는 사람은 노랫말이 대중의 언어에 미치는 영향을 고려해서 그 바른 말 여부를 잘 살펴야 한다.

우리말 제3인칭 '저'와 '그'

우리말에서 제3인칭은 본디 중세어에서는 '뎌'(현재의 '저')가 쓰였는데, 현대어에서는 원칭遠稱인 '저'를 버리고 중칭中稱인 '그'를 쓰게 되었다. '그'가 어느 때부터 쓰였느냐에 대해서는 학자들 간에 이론이 분분하였으나, '그'는 20세기에 들어와서 점차 쓰이게 되다가 이광수 김동인의 작품의 영향으로 널리 퍼지게 된 것으로 보인다.

그런데 여기서 한 가지 '저'를 버리고 '그'를 쓰게 된 것이 바람직한 일로 생각되는 것은 제3인칭인 '저'는 제1인칭 겸양형謙讓形인 '저'('나'의 낮춤형)와 혼동될 수가 있기 때문이다. 혹시 '저'에서 '그'로 바뀐 데는 그러한 의도가 개재된 것이 아닌가 하는 생각도 든다.

성경에서 한 가지 예를 들면, 1938년 발행의 『개역성경』 요한복음 3 : 16에 "하나님이 세상을 이처럼 사랑하사 독생자를 주셨으니 이는 저를 믿는 자마다…"에서 '저'는 예수를 가리키는 제3인칭 대명사인데, 잘못하면 제1인칭대명사 겸양형으로 오해하기 쉬운 것이기 때문이다.

N o t e 그러나 문법적으로 잘못된 말이 많이 쓰이면 쓰일수록 언어사회는 하급으로 떨어진다.

형용사의 청유형과 명령형은 불가능한가?

　　　　어느 초등학교에 교훈이라고 하여 크게 내어건 글에 "정직하자!" "부지런하자!"라고 써 놓은 것을 보았다. "부지런하다"와 "정직하다"란 말은 품사로 치면 형용사로서, 우리말 문법으로는 형용사는 청유형이나 명령형으로 쓸 수 없는 것인데, 우리말을 가장 기초부터 바르게 가르쳐야 할 초등학교에서 문법에 맞지 않는 글을 쓰고 있는 것이다. 위의 두 말은 청유형請誘形이지만, 동사형인 "정직하라!"와 "부지런하라!"가 안 되는 것은 물론이다.

　그런데, 이 점에 대해서는 문법을 잘 모르는 일반대중에게는 "정직하자" "부지런하자"도, 또 그것을 명령형으로 한 "정직해라" "부지런해라"도 전연 귀에 거스르게 들리지 않는다. 찬송가 가사에도 "하늘같이 높푸르자… 대지같이 광활하자"라는 구절이 있는데 그 찬송을 부르면서 조금도 거스름을 느끼지 못 한다. 오히려 문법에 맞게 "정직해져라" "부지런해져라"라는 말이 번거롭고

거스르게 들린다. 그렇다면 형용사도 동사에서처럼 청유형이나 명령형으로 쓸 수 있다는 새로운 문법을 제정할 수는 없는가?

N o t e 말과는 달리 문법은 사람이 의도적으로 이치에 맞게 만드는 것인데, 이 문제를 두고 학자들이 연구해 보면 어떨까?

'젊다'와 '늙다'의 문법적 성격은 같은가?

얼른 보면 이 두 말은 서로 대응어가 되긴 하지만 그 문법적 성격은 같은 것으로 보인다. 그러나 그 둘은 문법적으로는 같지 않다. 즉 '젊다'는 형용사이지만 '늙다'는 동사(자동사)인 점에서 품사를 달리한다. 우리는 그 차이를 그 두 말의 활용형에서 알 수 있다.

1) '젊다'는 형용사이므로 동사 어미를 붙일 수 없는 경우가 있다. 예를 들면, '젊'이란 어간에 동사의 현재형 어미 '…는다'를 붙여서 "그는 젊는다"와 같은 말을 쓸 수가 없다. 그것이 "그는 곱게 늙는다" "그는 많이 늙었다"의 경우의 '늙다' 동사와 다른 점이다.

2) '젊다'는 형용사이므로 동사처럼 청유형이나 명령형이 성립되지 않는다. 예를 들면, '젊자'나 '젊어라' 등의 말을 쓸 수가 없다. 그러나 '늙

다'의 경우는 '늙자'나 '늙어라'란 말이 다 가능하다. 같은 맥락에서 '늙지 마라'는 가능하지만, '젊지 마라'는 불가능하다. '젊다'는 형용사로서 상태를 말하지만, '늙다'는 변화나 움직임을 말하기 때문이다.

N o t e '늙다'는 말이 동사가 아니라면 인생이 젊음을 길이 누릴 수 있을 것인가?

'한글'과 '국어'의 개념상 차이

많은 사람이 '한글'과 '국어'를 동일시하나, 그 둘은 같지 않다. 한글은 우리나라의 문자(기록의 수단)를 말하는 데 대해 국어는 우리나라의 언어를 가리킨다. 해와 달 별들이 있는 무한히 넓은 공간을 말하는데 영어로는 'heaven'이고, 중국어로는 '티엔 天'인 데 대해 우리나라 말 즉 국어로는 '하늘'이라고 하고, 그것을 기록하는 문자가 한글인 것이다. 우리나라는 일제 말기에 우리의 나랏말 국어도 사용이 금지되고 일본어가 우리의 국어가 되었고, 우리의 문자인 한글의 사용도 금지되고 일본의 '가나假名'가 우리 문자가 되었다.

이렇게 한글과 국어는 그 실체와 개념이 다르므로 그 각각을 연구하는 학자도 국어학자와 한글학자는 그 하는 일이 다르다. 즉 한글학자는 16세기에 세종대왕이 창제한 소위 '훈민정음訓民正音' 한글에 관하여 그 읽기와 쓰기 등을 연구하는 데 대해, 국어

학자는 우리말에 관하여 음운론, 어휘론, 의미론, 통사론 등으로 분석 연구하는 것이다.

N o t e 우리나라의 세계적인 자랑으로 첫째는 우리의 문자인 한글로서 우리는 이 한글을 국보 특호로 지정할 것을 제안한다.

여덟째

교양인이 쓸 수 없는 저속한 말

'…하다'의 뜻으로 쓰이는 '…맡았다'

사람의 말은 그의 교양이나 지식의 정도에 따라 그 수준을 달리하게 된다. 예를 들면 '…하다' 동사를 써야 할 말에 '…맡았다'를 붙여 저속한 느낌을 주는 경우가 있다. 그러한 예를 몇 가지 들어본다(아래의 예에서 뒤의 것이 바른 말이다).

제대 맡았다 − 제대하였다
졸업 맡았다 − 졸업하였다
연애 걸어서 − 연애하여
               (이 경우에 '…하다'보다 '…걸어서'는 저속하게 들린다)
無視본다 − 무시한다
重要視본다 − 중요시한다

Note 이상과 같은 말은 그 사람의 지식의 유무에 따른 경우가 많을 것이다.

01
정상인으로는 쓸 수 없는 악담 욕설

언어생활을 하는 주체인 사람은 그 인격이나 품위가 다름을 따라 여러 계층이 있거니와, 그 계층에서 사용되는 언어도 고상하고 저속한 차이가 없을 수 없다. 품위가 높은 사람은 그만큼 품위가 높은 말을 쓰는 데 비해, 품위가 낮은 사람은 저속한 말을 쓰게 되는 것이 사실이다. 그러한 몇 가지 예를 들어본다.

1) 인체의 부분이나 기관을 두고 말할 때도 '머리'라는 말을 '대가리'라고 하고, '눈'이란 말 대신에 '눈까리'라 하고, '배(腹)'라는 말 대신에 '배때기'라고 하는 것 등이다.
2) 인체로부터 배설되는 분비물 '대변'이나 '소변' 등을 '똥'이나 '오줌'으로 말하는 것이다. '화장실 간다'라는 말 대신에 '똥 누러 간다'나 '오줌 누러 간다' 등으로 말하는 것 등이다.
3) 인간의 동작이나 상태를 두고 말할 때도 '먹는다' 대신에 '쳐먹는다'라 하고, '죽는다' 대신에 '뒈진다'라고 말하는 경우이다.

Note : 그래서 성경은 나쁜 말은 "쉬지 아니하는 악이요, 죽이는 독"이라 하고, 말에 실수가 없으면 곧 온전한 사람이라고 한다(약 3 : 2, 8)

공적으로는 쓰지 말아야 할 사투리

한 나라 말에는 표준어와 사투리(=方言, dialect)가 있는데, 이 사투리는 지방마다 달라서 누구나 다 알 수가 없는 것이다. 우리나라에서 이 사투리가 가장 많이 쓰이는 지방은 제주도인데, 제주도 방언으로 "혼자 옵서예"라는 말은 그 방언을 모르는 사람은 누구나 "혼자 오세요"라는 말로 생각하기 쉽지만, 그런 뜻이 아니고 "어서 오세요"라는 말이다. 우리나라에서는 대강 도 별로 얼마간 사투리가 있다고 보아도 좋을 듯하거니와, 교통과 방송이 발달된 오늘날에는 여러 지방의 사투리가 널리 알려져 있지만 아직도 통하지 않는 말이 없지 않다.

이 사투리의 유형으로는 첫째 표준말과 발음을 달리하는 것, 둘째 표준말과는 다른 뜻을 가지는 것, 셋째 표준말에서는 해당되는 말이 없는 것 등으로 분류할 수 있다. 첫째 유형은 경상도 일부 지방에서는 표준말의 '이번'을 '오분'이라 하는 것이 그 예이고, 둘째 유형은 호남지방 사투리로서 "그렇게 하면 좋겠다/되겠다"라는 말을 "그렇게 하면 쓰겠다"라고 하는 것이 그 예이고, 셋째 유형으로는 경상도 사투리로 '장'이라는 말을 쓰는데 이 말은 표준말로는 '늘(=항상)'이란 말로서 타 지방 사람들은 거의 모르는 말이다.

  사투리는 서로 뜻이 통하지 않는 사람들과는 쓸수도 없는 말이지만, 같은 지방이나 고향 출신들끼리의 모임에서는 더 친근하고 따뜻한 정을 느낄 수 있는 말이어서 남다른 감회를 느끼기도 하지만, 공적인 석상에서는 쓰지 말아야 한다. 특별히 초등학교부터 각급학교 교사들은 쓰지 말아야 하며, 방송 매체에서도 극중이 아니면 써서는 안 된다. 공적인 장소에서 쓰는 사투리는 그 사람의 교양이나 품위가 낮은 인상을 주는 것이다.

경상도 사투리의 몇 가지 예를 들어본다.

아아들-아이들
얼라-어린이
퍼떡-빨리
…칸다-…말한다
하마-벌써
머라칸다-나무란다
묵어라-먹어라
언제예/어데예-아니요
오이소-오세요
어무이-어머니
할메-할머니

Note 각 지방의 사투리를 쓰는 것은 좋지만 그것으로 지방 차별이나 지역주의로 한 국민으로서의 공동체의식을 손상시켜서는 안 된다.

아홉째

영어에 관련된 우리말의 문제

우리말 '올림픽'은 어법상으로는 틀린 말

올림픽 경기를 말하는데 '올림픽Olympic'이라고만 하는 것은 잘못이다. 올림픽경기에 대한 정확한 영어도 'Olympiad'나 'Olympic games'라고 쓰는 것이 옳은 것이다. '올림픽'이라고만 하면 형용사가 될 뿐 명사가 아니기 때문이다.

그러나 '올림픽'과 '올림피아드'의 구별은 영어로는 되어도 우리말(일본어 'オリンピック'도 마찬가지)로는 되지 않는다. 왜냐하면 절대다수의 언중言衆이 쓰는 데는 모든 방송이나 신문들도 따라 쓰니 그 세력을 막을 수가 없다. 언어에서는 문법보다도 더 강세인 것이 언어의 인식과 그 역사적 사회적 영향력이다.

Note 사전상으로 보면 바른 쓰기도 '올림픽'이 아니고 '올림피크'이다.

'통일'에 대한 영어는 'Reunification'이 아니다

　　우리나라 남북한의 통일을 영어로 말하는 것을 여러 사람들로부터 들었는데, 거의가 'Reunification'이라 하는 것을 듣고 참으로 의아하게 생각했다. 모두가 유식한 사람들이고, 그 중에는 미국에서 수십 년을 살았던 사람도 있었기 때문이다.

　영어로 'reunification'은 're'가 나타내는 그대로 '재통일'이고, '통일'은 아니다. 우리나라 역사상 독립국가였던 우리나라가 1945년 남북으로 분단된 일 외에 언제 그러한 분열이 있었다가 통일이 되었고, 이제 우리가 소원하는 것은 두 번째의 통일(재통일)이 된다는 말인가? 옛날의 고조선도, 그 후의 고구려 신라 백제의 삼국도 같은 한 민족이 세 독립국가로 존재했던 것뿐이지 본래 한 국가였던 것이 세 국가로 분열된 것이 아니었다. 그리고 우리가 지금 소원하는 통일을 '재통일'로 말하더라도 결코 옛날의 삼국(고구려, 신라, 백제)을 염두에 두고 두 번째 통일

이라고 생각하는 것도 아니다. 그러므로 오늘날 우리가 바라는 통일이란 '재통일reunification'이 아니고 단순한 '통일', 즉 영어로는 'Unification'이다.

Note 대한민국 정부의 한 부처인 통일부에서는 영어로 'The Ministry of Unification'이라고 바로 기록되어 있다.

논논
외국어의 지나친 사용은 우리말을 죽이는 일

　　　　영어는 오늘날 국제어같이 가장 널리 쓰이는 말임에 틀림없다. 따라서 국제관계가 더 증진되면 될수록 영어가 더 보급되는 현상은 어쩔 수 없는 것이며, 지금 우리나라가 그러한 상태에 있기도 하다. 그러나 영어나 다른 선진국의 신상품, 신기술, 신발명 등에 의하여 유입되는 외국어는 어찌할 수 없어도, 그렇지 않은 경우에는 외래어 때문에 우리의 고유어가 소멸을 당하는 것은 방치할 수 없는 일이다.

　현재 우리나라의 언어현상을 보면, 외래어의 지나친 사용 때문에 우리의 고유어가 침식을 당하고 앞으로는 아주 소멸될 위험까지도 있음을 느낀다. 이제 그러한 언어의 사례를 들어 국민들에게 우리말 쓰기 또는 우리말 지키기 운동의 정신을 고취시키고자 한다. 이제 그러한 낱말을 아래에 제시해 본다.

웨딩 홀(wedding hall) : 결혼예식장
웨딩 드레스(wedding dress) : 신부복
캠퍼스(campus) : 교정
스쿨버스(school bus) : 학교 버스
슈가(sugar) : 설탕
스푼(spoon) : 숟가락
키(key) : 열쇠
페스티벌(festival) : 축제
리셉션(reception) : 환영회
제스추어(gesture) : 태도
프라이버시(privacy) : 사생활
오픈(open) : 개관, 개원, 개업, 개점

'세일(sale)'이란 말은 '할인판매'라는 뜻으로 쓰이지만 실제로는 '바겐세일(bargain sale)'의 준말이다.

Note 이러다가는 수십 년 후에는 우리나라가 다언어국가(多言語國家)가 되지 않을까?

46
거의가 잘못 하는 영어 지명의 오역

　　미국의 지명을 우리말로 번역하는데 오류를 범하는 경우는 자주 있는 일이다. 그 중 한 예를 들면, 미국 New Jersey 주의 Atlantic City를 번역하는데, '애틀랜틱 시'라고 번역하는 것은 전적으로 잘못 된 것이다. 그것에 대한 바른 번역은 '애틀랜틱 시티 시'라고 해야 옳다. 왜냐하면 'Atlantic City'가 고유명사이기 때문에 거기에 '시city'라는 보통명사를 붙이려면 별도로 추가를 해야 하기 때문이다. 이러한 예는 Mexico City에서도 볼 수 있다.

N o t e　특별히 언론기관이나 방송매체에서는 영어에 대한 지식 있는 사람을 써야 한다.

'힐튼'과 '쉐라톤'의 다른 표기

서울의 Hilton 호텔과 Sheraton 호텔의 끝음절 ton에 대한 우리말 표기가 달라 혼란을 일으키고 있다. 영어의 ton에 대한 우리말의 맞는 표기는 '턴'인데, 전자는 '…튼'을 쓰고, 후자는 '…톤'을 쓰고 있다. 그러나 '힐튼'은 외래어 표기법을 떠나 현지(미국)의 발음으로는 옳다. (외래어 표기법으로는 '턴'이다.)

다른 한편 미국의 Princeton은 현지에서의 발음은 '…턴'이 아니고 '…튼'이다. '쉐라톤'은 '-ton'에 대해서도 잘못되었을 뿐 아니라, 'She-'에 대한 표기도 잘못되어 있다. 'She-'에 대한 정확한 표기는 '쉐'가 아니고 '셰'가 바른 표기이다. '쉐'에 대한 영어 표기를 한다면 'She'가 아니고 'Swe'가 된다. 한 가지 증거를 든다면, Shakespeare에 대한 우리말 표기는 '쉐익스피어'가 아니고 '셰익스피어'이다.

Note 외국어를 음역하는 데는 국어에 대한 상당한 전문지식이 필요하다.

교통표지판의 틀린 영어

교통표지판 등에 외국어를 잘못 쓰고 있는 경우는 외국인들에게 우리 정부나 국민들의 민도가 낮은 것을 드러내는 것으로서 특별히 관심을 가져야 할 문제이다. 필자는 지난 2002년 6월 월드컵 경기가 우리나라에서 열리기 전에 전국적으로 도로표지판에 영어가 잘못 쓰인 것을 들어, 외국인들에게 우리의 무식을 보이지 않게 시정하도록 당국에 알리고 건설부장관에게까지 요청의 글을 보낸 바 있었으나, 일부가 수용되었을 뿐 아직도 거의 시정되지 않고 있다. 당시(2001년 11월 10일) 필자가 건설부장관에게 시정을 요구한 내용 일부를 들면 '네거리'와 '접합점'(또는 분기점)에 관한 것이다.

'네거리'는 영어로 intersection이라 해야 할 것을 모두가 junction으로 잘못 되어 있다. 예컨대 '광화문 네거리'나 '잠실 네

거리' 등에서 '네거리'를 junction으로 잘못 쓰고 있는 것이다. 서울 시내 일부 지역에서는 Intersection으로 바로 쓰고 있는 곳도 있다. 월드컵 때 광화문 네거리의 Junction이라는 표지판은 보이지 않았는데, 아마 intersection으로 바꾸지는 않고, 아예 문제가 되는 것을 제거해 버린 듯 없어졌다. 그러나 서울 시내의 곳곳을 보니, '네거리'라는 영어표기를 Junction과 intersection으로 혼용을 하고 있어 전혀 통일성을 결하고 있다.

한편 junction은 고가도로로 된 접속이나 또는 삼거리 접속(T junction이나 Y junction) 지점을 나타내는 것이므로 분명히 '네거리'와는 다른 것이다(T나 Y Junction은 삼거리이지 네거리가 아니다).

N o t e 영어 표지판이 잘못된 것은 외국인에게 우리나라의 문화수준이 낮음을 보이는 것이다.

'터널'에 대한 영어 표기

터널에 대한 표지標識를 우리말로 표기하는데도 '제1터널' '제2터널' 등을 '1 Tunnel' '2 Tunnel' 등으로 표기하고 있는데, 이는 'Tunnel 1' 'Tunnel 2'로 하는 것이 바른 표기이다. '남산 제1터널'은 영어로는 'Namsan Tunnel 1'로 써야 한다. 그것과는 달리 전철에서는 '3호선' '5호선' 등을 'Line 3(읽기 : Line number three)' 'Line 5' 등으로 바로 되어 있다.

한 번 중부고속도로를 가다가 우연히 '치악 터널'에 대한 영어 표지판이 잘못 되어 있는 것을 본 일이 있다. '치악 1번 터널'을 영어로 표기하기를 'Chiak 1 Tunnel'이라 하고 있는데, 이 영어 표기는 잘못된 것이고, 정확한 표기는 'Chiak Tunnel #1'이라고 해야 한다. 그 바른 읽기도 영어로는 'Chiak one Tunnel'이나 'Chiak number one Tunnel'이 될 수 없고, 'Chiak Tunnel one' 또는 'Chiak Tunnel number one'으로 말해야 한다. 이 잘못도

2002년 월드컵 경기 전에 고치도록(외국 사람들에게 그 잘못을 보이지 않게 하기 위해) 정부 당국(당시 건설부 장관)에게 의견을 말한 바 있으나 아직도 고치지 않은 채 있다.

Note 영어를 지나치게 많이 쓰면서 이 만큼 잘못 쓰는 것이 많은 것은 한 역현상이다.

100
영어의 이중 자음에 대한 우리말 표기

영어의 이중 자음에 대한 표기를 우리 글자로도 이중 자음으로 오랫동안 잘못 써오던 것이 일부 바른 표기로 바뀌어가고 있으나 아직도 많은 사람이 이중 자음으로 잘못 쓰고 있다. 예를 들면,

summer를 '서머' 아닌 '섬머'
dilemma를 '딜레마' 아닌 '딜렘마'
mammon을 '마몬'이 아닌 '맘몬'
plaza를 '플라자' 아닌 '프라자'
club을 '클럽' 아닌 '크럽'

N o t e 영어 'L' 자를 우리말로 음역하는 데는 'ㄹㄹ'로 써야 되는데, 첫 음절로 쓸 때는 우리철자로는 'ㄹ'로만 쓸 수밖에 없다.

101
영어와는 다른 뜻으로 잘못 쓰는 말

많은 사람이 시험부정행위를 영어로 말할 때 '컨닝cunning'이라 하는데, 이것은 잘못된 것(영어의 뜻은 '교활한')이요, 바른 말은 cheating('속임'이란 뜻)이다.

영어에서는 어떤 물건을 값을 받지 않고 무료로 주는 것을 'free자유롭다'라고 하는데, 우리나라에서는 그것을 '서비스service =

Note 이런 잘못된 말을 바로잡는 것은 실제적인 영어교육이 필요함을 증명하는 것이다.

^{봉사}'라고 한다.

  녹슬지 않는 강철을 영어로는 'stainless steel'이라 하는데, 이것을 영어를 잘 모르는 많은 한국 사람들이 밥그릇이나 수저를 살 때 'stainless_{스테인리스}'에서 부정_{否定}을 나타내는 'less_{리스}'를 떼고 말함으로 전적으로 반대의 말을 하게 된다. 즉 "스텐 밥그릇 주세요"라고 말하는데, 이 경우는 반대로 "녹스는 밥그릇을 주세요"란 말이 되는 것이다.

맺는 말

　　이상과 같은 사실을 두고 볼 때, 우리말을 잘못 쓰고 있는 현상은 참으로 심각하다고 하지 않을 수 없다. 그 중에서도 일제가 자기정당화를 위해서 거짓으로 만들어 쓴 말을 우리나라 사람들이 분별없이 그대로 따라 쓰고 있는 것은 참으로 심각한 문제가 아닐 수 없다. 우리가 어찌 수십 년 전 일본군에게 강제로 끌려가서 성적인 모욕과 학대를 당한 오늘의 할머니들을 보고, 일본인들이 거짓으로 꾸며 쓴 그 말 '종군위안부'를 따라 쓸 수 있는가? 물론 많은 사람들은 몰라서 그렇게 쓰고 있다. 심지어 할머니들 자신들도 그렇게 쓰고 있다.

　그러나 적어도 지식인들(예 : 국어학자들)만은 그것을 바로잡아 주어야 하지 않은가? 전국의 많은 국어학자와 영문학자들이 이러한 문제에 관심을 두고 일반인들이 몰라서 잘못 쓰고 있는 말들을 바로잡아 주는 것은 그들이 꼭 맡아서 해야 할 큰 사명 아닌가? 하도 답답하여 국어학과 영문학을 온전히 전공하지 않은 필자(전공 : 성서학, 부전공 : 국어학)가 부족한 소견을 펴본 것이다. 이러한 우리말 바로쓰기 운동을 우리나라의 전 학자들과 언론 방송 매체들이 총동원하여 추진한다면 불원간 시정될 수 있을 것인데. "시작이 반이다"라는 말을 따라 필자가 이 문제를 제기하는 것이다. 반을 해 놓은 이 일이 곧 다 완성될 수 있기를 바라는 마음 간절하다.

부록 1
한글의 우수성

　　　　우리나라가 세계에 자랑할 문화유산을 말한다면 팔만대장경, 금속활자 등 여러 가지가 있겠으나 그 중에서 첫째로 꼽을 것은 단연코 우리의 고유문자인 한글이라 할 것이다. 우리의 문자 한글이 과학적으로 세계에서 가장 우수한 글이란 사실은 세계의 저명한 언어학자들이 다 입을 모아서 하는 말이다. 미국의 O. Reichaurer 교수(Harvard 대)를 비롯해서 J. Diamond 교수, 영국의 G. Sampson 교수, 네델란드의 F. Vos 교수, 일본의 우메다 히로유키梅田博之 전 동경외국어대 교수, 그 외에도 많은 학자들이 다 감탄을 아끼지 않는다. 그 이유는 한두 가지가 아니다.

1) 다른 나라의 문자와는 달리 한글은 그 창제의 연대와 창제의 목적이 분명하다. 1443~1446년에 세종대왕께서 '훈민정음(訓民正音)'이란 이름으로 모음 자음 28자를 창제하여 반포한 것이다. 세계의 어느 나라 문자치고 창제자와 창제의 연도가 역사상 분명히 알려진 문자는 없다.

또한 한글은 세종대왕이 창제하신 목적과 이념에 있어 뛰어난 것이다. 그것은 '훈민정음 서문'에 밝혀진 대로 나라의 말이 중국과 달라 한자로는 잘 표기할 수 없으므로 무식한 사람이 의사표시를 하고자 해도 하지 못 하는 경우가 많아, 그것을 가엾이 여겨 쉬운 우리 글자를 만들어 누구든지 쉽게 배워서 쓸 수 있도록 하기 위함이란 것이다. 이것은 세종대왕이 당시 왕정국가의 군주로서도 그의 철저한 민본사상 민주사상을 나타낸 것이다.

2) 한글의 창제는 한국 문화의 독자성을 가장 잘 보여주는 동시에 이 고유문자로 말미암아 한문자로 인해 중국의 문화에 예속된 상황으로부터 우리 문화의 독립성을 갖는 계기를 이루게 되었다. 문화의 독자성은 독자적인 문자가 없이는 불가능한 것이기 때문이다. 한글 창제에는 그러한 자주성과 독립정신이 깃들여 있는 것이다.

3) 한글은 세계에 다른 유례가 없이 문자의 구성에 깊은 의미를 가지고 있다. 하늘 땅 사람 삼재(三才 : 음양설에서 일컫는 세 바탕)로 'ㆍ'와 'ㅡ'와 'ㅣ'가 상하 좌우로 결합하여 기본 10개 모음을 만들고, 그것이 다시 여러 방법으로 결합하여 복모음을 만들고, 자음은 발음기관 즉 어금니, 혀, 입술, 이, 목구멍 등의 모양을 따서 만든 것으로서, 그 근원이 우주(천지)와 인간(인체)에 있는 점에서 유례가 없는 것이다. 즉 한글은 처음 만들 때 'ㅁ'은 입술 모양을 본떠서 만들었고, 'ㄴ'은 혀가 윗잇몸에 닿는 모양을 본떴으며, 'ㅅ'은 이의 모양을 본떴으며, 'ㄱ'은 혀뿌

리가 목구멍을 막는 모양을 본떴으며, 'ㅇ'은 목구멍 모양을 본떠서 만든 것이다.

4) 한글은 음소문자(音素文字)인 점에서 음절문자(音節文字 : 모음과 자음이 뗄 수 없게 하나로 결합하여 한 글자를 이룬 문자. 예 : 일본어의 문자 '가나')보다 활용성이 넓은 것이다. 음절문자는 음절의 수효만큼 글자가 있어야 하며, 음소문자(音素文字; 낱소리글자)는 홀소리(모음)와 닿소리(자음)가 합쳐서 낱말을 형성하므로 음소의 수효만큼 글자가 있으면 되는 것이다. 따라서 가장 적은 수효의 글자인 동시에 가장 넓게 활용할 수 있는 것이다.

5) 한글은 기본글자에 획을 더하여 음성학적으로 동일 계열의 글자를 파생해내는 체계를 가지고 있는 것이 유례가 없이 특수하다. 예를 들면, ㄱ-ㅋ의 어금닛소리 계열, ㄴ-ㄷ-ㄹ의 혓소리 계열, ㅁ-ㅂ-ㅍ의 입술소리 계열, ㅅ-ㅈ-ㅊ의 잇소리 계열 등은 대단히 체계적이고 과학적이다. 언어 연구학으로는 세계 최고인 영국 옥스포드 대학의 언어학 대학에서 세계 모든 문자를 합리성, 과학성, 독창성 등을 기준으로 하여 그 우수함의 순위로 진열해 놓았는데 그 1위가 우리의 한글이다.

6) 한글은 음소문자인 관계로 그 활용성의 범위와 효율성이 세계의 그 어느 문자보다도 넓고 뛰어나다. 예를 들면 10개의 모음과 14개의 자음을 조합하면 24개의 문자로 약 8,000음의 소리를 낼 수 있다. 예를 들면 영어의 MacDonald를 50음밖에 안 되는 음절문자인 일본어로

음역을 하면 '마구도나루도'라고밖에 적지 못 하는데, 한글로는 '맥도널드'라고 원어에 가깝게 음역을 할 수가 있는 것이다.

7) 한글은 세계의 문자 중 가장 쉬운 문자이다. 중국의 한문자는 그 획수가 많고 문자 수가 많아서 너무나 배우기 어렵고, 일본어는 한자를 모방한 문자이기 때문에 한자 없이 독자적인 문자 수행이 어렵지만, 한글은 짧은 시간에 배울 수 있다고 하여 '아침글' 또는 '통시글'(통시는 변소)이라고 불리기도 하였다.

8) 한글은 한국어의 음소와 거의 1 :1의 대응 관계를 갖고 있기 때문에 우수하다. 영어의 경우에는 'ㅋ(키읔)' 소리를 내는 글자는 'k'로도 적고, 때로는 'c'로도 적는데, 한글에서는 그러한 일이 있을 수 없다. 영어에서는 'ch'가 대개 'ㅊ' 소리로 발음이 되지만, Chicago에서는 '시카고'로 읽히며, 'night'의 gh, 'know'의 'k', 'psychology'의 'p'는 묵음(黙音)이 되지만, 한글에서는 그러한 불합리한 일이 없다. 따라서 한글은 발음 기호 없이도 읽을 수 있고 소리와 글자의 대응관계만 알면 쉽게 적을 수 있는 것이다.

이상과 같이 한글은 그 과학성, 합리성, 독창성 등으로 단연코 이 지구상에서 유례가 없는 우수한 문자이기에, 1997년 10월1일, 유네스코는 우리나라 훈민정음(한글)을 세계 기록 유산으로 지정하기에 이르렀다. 이러한 한글임에도 불구하고 그 우수함을 알지 못 하는 노태우 정부는 한글날을 공휴일에서 제외시킴으로써 한글을 격하시키는 어리석음을 범한 일이 있었다. 그러나 한글의 우수성을 아는, 한글학회를 중심으로 하는 '한글날 국경일 제정 범국민 추진위원회(위원장 : 전택부)'가 조직되어 한글날을 국경일로까지 격상시키는 운동을 일으켜 재작년(2005)에 한글날은 이제는 국경일로 격상되었다.

한글은 창제된 지 560년이 넘었지만 그 후 오랫동안 한문을 숭상한 사상 때문에 널리 쓰이지 못 하다가 19세기 말에 이르러서야 기독교에서 1870년대에 성경 번역에 한글을 전용하고, 1896년에는 독립신문의 한 부분에서 한글을 전용하기에 이르렀다. 일제시대에는 일본의 우리 말글 말살정책에 항거하여 우리 말글 지키기 운동으로 조선어학회 사건 등의 고난을 치르기도 하였다.

그러나 이제 그 한글이 세계 속에 자부심을 가지고 우뚝 서 있는 것이다. 미국이나 호주의 대학에서는 오래 전부터 한국어를 제2외국어로 지정해 놓았으며, 중국, 중앙아시아, 몽골, 등 한국인이 많이 살고 있고, 한국의 기업이 진출해 있는 세계의 여러 나라에서는 한글을 배우는 운동이 활발하게 일어나고 있으며, 우리나라에서는 가장 배우기 쉬운 한글을 세계의 문자 없는 나라의 문자로 제정하고자 하는 '한글 세계화운동'이 추진되고 있다.

부록 2
우리말의 위기

'세계화'란 말은 요즘 우리의 일상생활에서 흔하게 쓰이는 말이다. '지구촌'이란 말이 마치 전 세계를 한 촌(마을)으로 보는 느낌을 주는 말인 만큼이나, '세계화'란 말이 마치 전 세계가 한 동네가 되는 것인양 인식되어, 그러한 가운데서는 국가적인 구별도 민족적인 구별도 다 타파되어야 하는 것처럼 생각하기 쉽다. 이러한 현상은 교통과 정보기술 등의 급격한 발달로 전 세계인이 마치 이웃 사람처럼 쉽게 교류할 수 있게 된 결과이다.

이러한 흐름 속에 우리가 빠지기 쉬운 것은 우리 고유의 것을 망각하는 마음이다. 즉 우리 국가의 정체성과 민족성과 고유의 문화와 전통을 무시 경시 내지는 배척하는 생각이다. 이러한 경향은 대개 후진국에서 볼 수 있는 현상이다. 즉 후진국 사람들은 거의 아무런 비판 없이 선진국의 것들을 따라가는 경향을 갖는다. 그런데, 선진국의 좋은 점들을 따라가는 것은 참으로 바람직한 일이나, 문제는 선진국의 나쁜 것도 따라가는 데 있다. 선진국은 언제나 좋은 점에서만 선진국이 아니라 나쁜 점에서도 선진국이기 마련이다. 그리고 선진국의 것은 무엇이나 후진국의 것보다 좋은 것으로 여기는 무분별한 생각이 많은 문제를 야기시킨다.

요즘 우리의 주변에서 영어가 마치 우리에게도 제일의 언어가 되어야 하는 것처럼 영어의 세찬 바람이 우리의 한글을 호되게 때리고 있는 것을 본다. 한 나라의 국민으로서 가장 소중히 여겨야 할 것은 말할 것도 없이 자기 나라의 말이다. 자기 나라의 언어를 소중히 여기고 사랑하는 것은 바로 나라 사랑의 마음이다. 그리고 자기 나라의 언어를 업신여기는 것은 자신을 업신여기는 것이나 다름없다. 그러나 필자의 이야기는 결코 오늘날, 특히 세계화 시대에 영어를 등한히 여기거나, 쓰지 말자는 것이 아니다. 단지 그 영어의 과용과 남용으로 우리 말 글 생활에 위해를 끼쳐서는 안 된다는 말이다.

세계의 언어 중 자국어가 아니면서 세계적으로 가장 많이 쓰이는 언어가 영어인 것은 사실이고(사용의 인구로 따지면, 많은 사람들의 생각과는 달리 가장 많이 쓰이는 언어는 영어가 아니고 중국어이다. 그것은 중국인의 인구가 워낙 많기 때문이다), 그럼으로 영어를 알아야 함은 현대 문화생활에서는 필수적인 것이다. 그렇다고 해서 요즘 일부 사람들이 유치원이나 초등학생 때부터 무리하게 영어 조기교육을 시키느라고 애를 쓰고, 방학이 되면 비싼 여비를 들여 해외 연수까지 시키고, 심지어 영어 발음을 잘 하게 하기 위하여 혀 수술까지 한다고 하니 참으로 한심스런 노릇이 아닐 수가 없다. 더더구나 우리의 말글 공부는 등한히 여기면서까지 그렇게 하고 있으니, 그러한 부모 또한 한심스럽다. 그렇게까지 조기에 영어공부를 하지 않고도 중 고등학교 시절에 열심히 공부를 하고, 그 후에 공부를 더 하면(대학에서 영어 영문학과를 하지 않고도), 얼마든지 외국에 가서 영문으로 논문을 써서 박사학위까지도 받아 올 수가 있다.

이제 영어 문제에 관해 잘못되고 있는 것 몇 가지를 사례로 들어 우리의 말글이 얼마나 하대를 받고 위해를 당하고 있는지 그 상황을 한번 살펴 보자.

첫째 영어의 과용 내지 남용이다. 즉 영어를 안 써도 될 것을 영어로 쓰는 경우이다. 예컨대, 건물의 승강기 층수를 쓰는데, 1층, 2층, 3층 등으로 하지 않고, 1F, 2F, 3F 등으로 하고, 개관, 개원, 개업 등으로 말해도 될 것을 모두 '오픈Open'이라 하고, 가극 대신에 오페라, 음악회 대신에 콘서트, 심지어 텔레비전에서도 KBS 토요일 저녁 8시에 진행하는 '사랑의 리퀘스트'도 '사랑의 호소라고 하면 될 것을, 일반 대중에게는 쉽지 않은 '리퀘스트request'라는 말을 써가면서까지 외국말을 쓰고 우리말을 기피해야 하는지 모를 일이다. 그 외, 카센터, 슈퍼, 인테리어, 렌트카, 부동산 컨설팅, 휴대폰(이것은 우리말과 영어의 어색한 결합이다. 마치 한복 저고리에 양복바지를 입은 것과 같다), 모델하우스 등 이로 헤아릴 수 없이 많다. 일본의 경우에는 우리나라보다도 영어를 더 많이 쓰는 것이 사실이나, 그러나 표기상으로는 외국어는 가다가나片假名를 써서 구별이 되므로 우리나라의 경우와는 얼마간 다른 점도 있다.

중국에서는 외국에서 들어온 어떤 사물에 대해서도 거의 외국어 그대로 음역해서 쓰지 않고, 자국의 대체어代替語를 만들어 쓰고 있어 우리에게 한 가지 좋은 본을 보여주고 있다. 예를 들면, 카메라를 照象机, 텔레비전을 電視, 슈퍼super-market를 超級, 래디오를 收音机, 모델을 模型 등 우리나라에서는 모두를 외국어 그대로 음역해서 쓰고 있는 말들을 자국어로 만들어서 쓰고 있는 것이다. 즉 중국인은 자기 나라 말에 대하여 그만큼 자주성과 자존심을 갖고 있는 것을 볼 수가 있다. 이러한 언어의 자주성이나 순수성으로 말한다면 북한이 우리보다 더 나은데 그것은 그들이 우리보다 외래어를 덜 쓴다는 점에서이다. 예컨대, 축구경기에서 우리는 영어 그대로 '코너킥corner kick'이라고 하는 것을 북한에서는 '모소리 차기'라고 하는 등이다.

  이와는 반대로 우리나라 사람들은 옛날부터 우리말과 글을 스스로 천시하고 홀대를 해 왔다. 우리나라는 15세기에 세종대왕께서 훈민정음을 창제하여 세계에서 가장 과학적인 우수한 우리의 글을 가지고 있었음에도 불구하고 한자를 더 존중시하여 수백 년 동안이나 천대 내지 홀대를 해왔고, 그 때문에 우리 고유의 말 자체도 잃어버린 것이 많다. 예를 들면, 본래 우리의 말에 100, 1000, 10000을 나타내는 '온'이나 '즈믄'이나 '골'이란 말이 있었으나 그것은 한자어인 '百' '千' '萬' 등에 밀리어 거의 쓰이지 않게 되어 오늘날 한국사람 중에는 그러한 우리말이 있었다는 사실 자체도 모르고 있는 사람들이 많다. 이러한 위험은 영어를 과용 내지 남용하고 있는 오늘날에도 얼마든지 있을 수 있는 일이다. 앞으로 수십 년이 지나면 오늘날 남용하고 있는 '오픈'이나 '키'라는 영어에 밀리어 '개업' '개관'이나, '열쇠'라는 우리말은 거의 잊어버리게 되고, 더 나아가 수백 년이 지나면 그러한 우리말이 아주 없어지고 말 위험에 있음을 부인할 수 없다. '가극' 대신에 '오페라', '음악회' 대신에 '콘서트', '염가 판매' 대신에 '세일'이 버젓이 우리말의 행세를 할 것도 뻔한 일이다.

한편, 우리나라에서는 외래어 자체도 정확하게 쓰지 못하고 있는 것이 적지 않다. 예를 들면, '디스카운트discount: 할인'이란 말을 '디시DC', '애프터서비스After service'란 말을 '애이 애쓰AS'로 쓰는 것은 한국에서만 잘못 쓰고 있는 영어, 소위 '콩글리시Konglish'요, '무료free'란 말을 '서비스service'란 말로, '시험 부정행위cheating'란 말을 '컨닝cunning'이란 말로 쓰고 있는 것은 전적으로 영어를 틀리게 쓰고 있는 경우이다. 심지어 '스테인리스stainless'를 '스테인stain'으로 쓰는 것은 전적으로 반대의 뜻으로 쓰고 있는 경우이다. 그런가 하면, 우리말을 로마자로 표기하는 데 있어서도 잘못 하고 있는 것이 한두 가지가 아니다. 지금 우리나라는 금년의 월드컵을 앞두고 전국적으로 도로 표지판의 잘못된 것을 고치는 중에 있거니와, 이 일은 금년에 우리나라를 찾아오는 많은 외국인에게 우리의 문화수준을 보이는 특별한 기회에 우리가 각별한 관심을 가져야 할 문제가 아닐 수 없다. 필자는 이미 이러한 문제에 대해 몇 가지 제안을 정부 기관에 건의한 바 있거니와, 예를 들면 광화문 네거리를 비롯해서 '네거리'를 intersection이라 할 것을 junction으로 잘못 하고 있고, '1호 터널'을 'Tunnel 1'로 해야 할 것을 '1 Tunnel'로 잘못 하고 있는 것 등 바로잡아야 할 것이 한

두 가지가 아니다.

  이상과 같이 우리의 말글은 지금 영어의 과용 및 남용으로부터 변용, 오용에 이르기까지 말할 수 없는 혼란상을 보이고 있다. 이렇게 된 근본 요인은 우리에게 나라사랑과 겨레사랑의 마음이 없기 때문이다. 다른 말로 하면 한국인으로서의 얼과 넋이 없고, 한국혼과 한국정신이 없기 때문이다. 한 나라의 말과 글은 그 나라와 그 겨레의 얼과 넋과 혼과 정신인데, 그것을 업신여기고, 잊고, 잃는 것은 자신의 혼과 정신을 잃어버리는 것이다. 과거 우리의 조상들은 일제가 우리나라를 합방하고 우리의 말글을 말살하려고 했을 때, 우리의 나라와 말글을 찾고 지키기 위해 목숨까지도 바쳤다. 소위 조선어학회 사건 당시 우리 국어학자들은 우리의 말글을 지키기 위하여 갖은 처참한 옥고獄苦를 겪었거니와, 그것은 우리의 말글 속에 우리의 민족혼이 담겨 있기 때문이다. 이제 우리의 말글이 외래어에 의하여 여러 가지로 위해를 당하고 있는 오늘의 상황에서 우리는 우리의 말글을 지킴으로 우리의 얼과 혼을 더 이상 잃지 않도록 해야 한다.

찾아보기

1 Tunnel 163
Hilton 160
intersection 161
junction 161
Olympiad 154
our husband 94
our wife 94
Princeton 160
Reunification 155
Sheraton 160
since 115
stainless(스테인리스) 167
…읍시고 64
…적…的과 …상…上의 구별 119
…할뻔 하였다 102
가끔씩 108
가장 70
강제성징용녀 19
결실을 맺는다 108
결혼 92
고객 62
고유어 131
고유어 157
골다공증 97
공동터미널 46
공생 27
과반수 50
과잉표현 38
광복기념관 30

교통표지판 161
귀 잡수셨다 128
귀머거리 128
그때 당시 50
깍듯이 104
꾸다 55
나라적으로 68
나병환자 80
남편에 대한 호칭 133
네쌍동이 35
노하우 43
놈 자 77
놈과 년 84
눈 99
님과 임 86
다르다 63, 67
대동아공영권 23
대동아전쟁 23
대부분의 사람들 51
대중가요 137
독립기념관 30
독불장군 40
東方禮儀之國 131
東方禮義之國 131
드리다 126
드셔 보세요 103
따 지 76
땅 지 76
떠어 읽기 97

마음적으로 68
만찬 59
말씀이 계시겠습니다 129
명사+하다 106
名數 73
無(무)자의 쓰임 121
문둥이 80
묻다 99
未(미)자의 쓰임 122
바치다 126
반어적 68
배워준다 60
不(불, 부)자의 쓰임 121
부지런하자 141
非(비)자의 쓰임 122
빌리다 55
사고다발지역 32
사라져간 우리말 113
사라져갈 우리말 114
사람 자 77
사람의 수 73
사생 88
社說 98
私設 98
邪說 98
사성 98
사자 99
사형선고 78
삼국유사 92

相生 27
생사 88
서비스 166
서수 56
세례 요한 44
洗面과 洗手 124
세쌍동이 35
세종대왕 113
수사 90
순 우리말 50
승객 62
시각 48
시간 48
시제 57
十方 79
십일조 126
쓰임받는 60
아인슈타인 45
악담 욕설 149
안보불감증 28
액센트 100
양성 쓰기 118
어려운 한자어 135
어렵다 69
언문 113
여러 가지 종류 49
역전 앞 108
연패 72
영어 지명의 오역 159

영어의 남용　112
영어의 이중 자음　165
禮儀之國　31
禮義之國　31
옛날　125
오가피　98
오미자　98
오찬　59
올림픽　154
왕오천축국전　97
외래어　157
우리말 큰 사전　123
위기불감증　28
유분수　50
유월절　100
六月　79
을사늑약　20
을사보호조약　20
이따가　104
人數　73
일체와 일절　123
저속한 말　147
젊다와 늙다　143
점입가경　36
접두사　90
접미사　119
정신대　19
정직하자　141
제1터널　163

제3인칭　139
제일　70
조금도　52
종군위안부　18
종합터미널　46
주근깨　104
주문　42
처녀공출　18
첫 번째　56
첫째　56
초가집　108
初八日　79
춘계　71
춘기　71
취음　82
컨닝　166
코머거리　128
탄생설화　92
태평양전쟁　18
틀리다　67
패자　72
평가절하　26
표준어와 사투리　150
프레시한　68
피로회복제　39
피서　85
피정　85
하나도　52
한글과 국어　145

한나라당 54
한센인 80
한일합방 22
한자어 131
顯妣孺人 136

顯考學生府君神位 136
형용사의 청유형과 명령형 141
혼인 92
훈민정음 145
힘들다 69

저자 소개

1932년 경북 성주 출생.
고려대학교에서 법학을, 장로회신학대학교에서 신학을 공부하다.
경북대학교 대학원에서 국어학을 공부하고(문학석사),
미국 프린스턴 신학대학원과 벤더빌트대학교 및
계명대학교 대학원에서 공부하여, 신학석사와 박사학위를 받고,
미국 노스웨스트기독교대학교에서 명예문학박사학위를 받다.
장로회신학대학교에서 교수, 대학원장을 역임하고
대한성서공회에서 성서 번역, 개정 위원으로,
한국찬송가공회에서 가사전문위원으로 일하고,
우리말 주기도 사도신경 개정위원을 역임하다.
광나루문인회를 창립 초대 2대 회장을 역임하고,
전국기독교대학교 대학원장협의회를 창립 초대회장을 역임하고,
고려대학교 교우 목회자회(고목회)를 창립, 초대회장을 역임하다.
1993년부터 2005년까지 러시아, 중국, 인도, 인도네시아 등지 선교사 설립의
신학교에서 객원교수로 강의.
한글문화세계화운동 본부 부회장 역임.
한글날 국경일제정추진위원회 부위원장 역임.
장로회(통합측) 총회기독교용어 연구위원회 전문위원 역임.
주기도 사도신경 새번역 위원회 전문위원 역임.
국민정신개혁운동본부 창립, 본부장
한국찬송가작가총연합회 공동회장.

저자 주요저서

1. 문학편
1953년 장편소설,『애정천리』: 일반문학, 상·하권, 7쇄 발행(절판)
1954년 장편소설,『초가집』: 애국문학, 기독교 문학, 상·하권, 베스트셀러
2001년 시집,『365 시조 성경』(제1시조집) : 기독교문사
2001년 중편소설,『2001년 1월 1일의 천국대화』: 크리스찬신문 (연재)
2004년 시집,『여기 거룩한 곳에서』(제1시집) : 문예촌
2005년 시집,『겨레의 숨결 우리의 글발』(제2시조집) : 명성서림
2006년 시집,『아, 새 세기여, 새 천년기여』(제2시집) : 세종문화사
2006년 시집,『당신에의 고백』(제3시집) : 한들
2008년 시집,『봄이 오는 소리』(제4시집) : 명성서림

2. 국어학/국문학
1996년,『백번의 기도 천번의 성경』: 장로회신학대학교 출판부
2003년,『천번의 성경 만번의 찬송』: 도서출판 푸른길
2009년,『바로잡기 우리말 101가지』: 경진문화

3. 국어학/신학
1988년,『주기도 사도신경 축도』: 장로회신학대학교 출판부, 6쇄
1990년,『우리말성경연구』: 기독교문사, 7쇄
2008년,『재미있는 말글풀이』: 갈릴리출판사
2009년,『성경어휘 및 기독교 용어 해설』: 세종학연구원
2009년,『여러말성경 비교』: 기독교문사

4. 성서학/신학
1991년,『기독교인 필수의 바른 이해』: 성지출판사

1997년, 『보수신앙과 개혁정신』 : 장로교출판사
2000년, 『그리스도의 인격과 사역』 : 코리아엠마오
2002년, 『바른 성경, 바른 해석, 바른 설교』 : 성지출판사
2005년, 『그리스도교의 열 두 계명』 : 페스터스하우스
2007년, 『기독교의 기본주제 해설』 : 갈릴리출판사
2007년, 『개역성경, 개정판에서 무엇이 어떻게 바뀌었나?』 : 갈릴리출판사
2009년, 『요한복음 서론의 심층연구』(탈고, 미간)

5. 교양서
2000년, 『한국인이여, 이렇게 살자!』 : 성지출판사, 9쇄
2006년, 『정신개혁만이 모든 문제의 해법이다』 : 갈릴리출판사
2008년, 『재미있는 말글풀이』 : 갈릴리출판사

6. 번역서
1982년, 『신약성서개설』 : 대한기독교서회, 20쇄
1983년, 『성경의 난제 해석』 : 성지출판사
1991년, 『고대 중국과 이스라엘의 예언과 종교』 : 성지출판사
1994년, 『성지에서 보는 예수 사역의 발자취』 : 성지출판사
1996년, 『구약성서와 신약성서』 : 장로회신학대학교 출판부
1996년, 『요한복음서 연구』 : 성지출판사
1998년, 『바울서신 대조연구』 : 대한기독교서회
2001년, 『현대어 예수성교젼서』 : 장로교출판사